ドラッカー

——人・思想・実践——

ドラッカー学会 監修
三浦一郎・井坂康志 編著

文眞堂

はしがき

没して一〇年――。ようやくにしてドラッカーを研究面で取り扱う時期が到来したように思われる。世の中の関心も高まりつつあり、今日ではマネジメントという枠を超えて広く世界観の変化の書き手としても認知されるようになった。ドラッカーの可能性はいまだ未来にある。未来について尽きせぬ希望と想像の源泉を与えるものとしてドラッカーは新たな相貌を表しつつある。

二〇〇九年、岩崎夏海氏の『もし高校野球の女子マネージャーがドラッカーの『マネジメント』を読んだら』（ダイヤモンド社）が世に出てから、ドラッカーの適用範囲はビジネスの壁を乗り越え、世界にとっての一つの共通言語となったかに見える。

課題となるのは論じられた個々のトピックもさることながら、彼の意図したものの全体像についての見取り図を描くことであろう。そのような見方はドラッカー研究の本流を形成するまでにはいたらなかった。ようやく近年において、ドラッカーの言説をその人・思想・実践の総合において捉える動きが見られるのは、ドラッカーの「再発見」あるいは、ドラッカーの「発明」と言っていいようにさえ思われる。そこには経営学のみならず新たな知的鉱脈の所在を暗示するものが確かにある。

現実にこれまでの研究対象としてのドラッカーの定義はマネジメント学者であった。思想は逸脱と見られるか、あるいはほぼ顧慮を払われなかった。だが、何が本質で何が逸脱かを判断するのは、あくまでも研究のパースペクティヴ、あるいは社会の価値観が決定することである。少なくとも現在の思潮を考えるならば、もはやドラッカーをマネジメントに幽閉することは許されないだろう。

そのためには例外として切り離され処理されたものを本質として再度検討し直す必要がある。そこが研究史を概観した上での起点とならなければならない。これまでのドラッカー研究の蓄積を受け止めながらも、新たな研究を目指すにあたり、そのような問題を克服し、新たな課題を設定し直す必要があるであろう。

本書は、ドラッカー学会年報『文明とマネジメント』の掲載論文を中心にまとめたものである。ドラッカーを人、思想、実践という三つの視点から取り扱うものであって、ドラッカーを多面体として複層的に照射し、可能な限り立体的に取り扱うべく努めたつもりである。

とりまとめの過程で、ドラッカー学会理事の花松甲貴氏、同事務局次長の菅野孝治氏をはじめとする皆様の卓越した貢献をいただいた。特記して謝意を表したく思う。また、高木直二氏（明治大学特任教授）、工藤由美子氏（明治大学文明とマネジメント研究所事務局次長）による日頃のご助力にもこの場をお借りして感謝申し上げたい。

本書の出版にあたり、文眞堂の前野隆氏、前野眞司氏、山崎勝徳氏による丁寧かつ真摯なご支援があったことに心から感謝申し上げる。

二〇一四年九月一日

三浦一郎・井坂康志

目次

はしがき …… i

序章　文化と文明の懸け橋としてのマネジメント ……（上田惇生） 1

世界観に着目する／必然の進歩は幻想である／イズムなしで成立する世界は可能か／「現実」を現実的に説明する力／ドラッカーのポストモダン

第Ⅰ部　人と思想 …… 13

第1章　脱「昨日の世界」の哲学——ウィーン、フランクフルトの時代 ……（井坂康志） 15

人物像／出生と幼年時代／ウィーンとギムナジウムの時代／ギムナジウムの果実／過去の都／フランクフルト時代／基礎的視座の形成／二人の保守主義者—シュタールとバーク／ヴァルター・ラーテナウ——思想としてのマネジメント／西洋文明の崩壊と再生

第2章　ポストモダンの哲学……………………………………（上田惇生）36
ドラッカーの守備範囲／人、社会、マネジメントはすべてつながっている／関心は文明にあり／社会生態学とは何か／見ることがあらゆることの基本／「このポストモダンの世界」

第3章　二人の社会分析家――オースティンとドラッカー……………（三浦一郎）42
ジェイン・オースティンのイメージ／ジェイン・オースティンの世界をめぐって――『自負と偏見』を中心に／『自負と偏見』のストーリー／恋愛と結婚、そして地位と財産／ドラッカーの結婚と母たち／反対する母たち／女性と専門職業／結婚の遅れた理由――プロの職業婦人としてのドリス／アメリカへの移住／結婚生活の回顧／「知識労働と男女の役割分担」について／ドラッカーはなぜジェイン・オースティン『自負と偏見』を愛好したのか

第Ⅱ部　知的世界……………………………………………………………63

第4章　イノベーションの発明……………………………………（坂本和一）65
マネジメントの発明、イノベーションの発明／「マネジメントの発明」とは何か／経営者の支配に「権力の正統性」はあるのか／ドラッカーの転換を導いたもの／「マネジメントの発明」から「イノベーションの発明」へ／シュンペーターによる「イノベーションの発見」／『断絶の時代』『マ

ネジメント』におけるイノベーションへの言及／『イノベーションと企業家精神』による「イノベーションの発明」／『イノベーションと企業家精神』の体系／『イノベーションと企業家精神』が求められた背景――「断絶の時代」の到来／『断絶の時代』の説いた「断絶」

第5章　事業活動の両輪――マーケティングとイノベーション……………………（三浦一郎）87
年来の課題／マーケティングとイノベーションの区別／マーケティングの扱いの発展／イノベーションの扱い／マーケティングとイノベーションの連結／マネジリアル・マーケティングと「技術革新のマーケティング」／ドラッカーの述懐／改めて『イノベーションと企業家精神』第一九章について

第6章　戦略論の地平――マネジメント・スコアカードの有効性をめぐって…………（藤島秀記）106
マネジメント・スコアカード／MSCとの出会い／多様な事業領域に複数の戦略目標を提示すること／ドラッカー・マネジメントの特質は何か／使命とヴィジョン／市場分析と事業の定義／繁栄し永続する経営モデル／目標設定の五原則／四つのフィールドの具体的な要素

第7章　非営利組織における展開……………………………………………（島田　恒）127
非営利組織への関心／変わらざるドラッカー――その思想的基盤／自由と機能／変わりゆくドラッカー――産業社会の構想と挫折／多元的組織社会――非営利組織への期待／成果を上げる非営利組

織／非営利組織への実践的サポート

第8章　知識、技術、文明……（井坂康志）139

ドラッカーの技術論／人と技術／知覚と脱近代への企み／人間の延長／技術のメディア論的次元／技術の発見――マクルーハンとドラッカー／技術の機能条件と脱近代への試み――印刷技術の解釈をめぐって／認識作用の能動的性格／文明の対話装置／銀河を越えて

第9章　社会生態学――知の新領域を開く……（阪井和男）161

社会生態学とは何か／観察の方法／パターンとリズムの世界／還元不能の世界／日本の断絶――「劣化する知性」の問題／自己組織化臨界現象／地殻変動の諸相／東日本大震災後の世界――リーダーを育てる

第Ⅲ部　実　践……173

第10章　コンサルタントとしてのドラッカー……（伊藤雅俊）175

大恐慌の怖さを知る世代／日本も世界も大変な時代に／潮目で見る／商売の原点／歴史家としての顔／経験から感じること

第11章　社会生態学者ドラッカーに学ぶ……（小林陽太郎）182
時流に乗らない知的姿勢／多元的な世界の観察者／企業の目的は何か／社会の側からとらえたミッション／リベラル・アーツの復権
第12章　『現代の経営』と私の経営……（茂木友三郎）190
刺激を受けコロンビア大学に／日本人初のＭＢＡ取得／アメリカで醤油を売る／海外マーケティング戦略／大切なのは真摯さ
第13章　革新こそが新たな伝統を生む……（小仲正久）198
ドラッカーの忠告／グローバル化の真の意味／アドベンチャーをテーマに
第14章　学びと実践……（酒巻　久）204
ドラッカーならどう考えるか／目標を具体化する／古いものを上手に捨てる／手段を明確にする／社外でも検証する

終　章　リベラル・アーツとしてのマネジメント……………………（野中郁次郎）209
ドラッカー研究の意味／一貫してジャーナリスト／「顧客の創造」との出会い／研究を触発した知識の概念／大局をとらえる能力をドラッカーに学ぶ／実践の只中で考え抜く

〈関連論考〉……………………………………………………………………225
コンサルタントの条件…………（ピーター・F・ドラッカー／ジョン・F・ギボンズ（聞き手））227
（井坂康志／訳）
はじめに／私は代打ではない／顧客が必要とするものは何か／「経営者の先生」／組織はマネジメントされていない／コンサルタントは教育者か／コンサルティングを引き受ける尺度／若いマネジャーに必要な姿勢／全世界が図書館／専門家の責任／奏者と指揮者／マーシャルとスローン

索　引……………………………………………………………………………252

序章　文化と文明の懸け橋としてのマネジメント

上田惇生

世界観に着目する

ドラッカーがマネジメントを「発明」したとされるのには二つの意味がある。一つはそのフレームワーク、あるいは体系を確立したという意味での発明、もう一つはそのスキルを発展させたという意味での発明である。ここでもフレームとスキルの二つの側面が両輪として機能している。

実際、マネジメントに関するコンセプトやスキルとは八割以上がドラッカー由来であり、多くの経営学者、マーケティング、戦略の専門家がそのことを事実として受け入れている。マーケティングの大家、セオドア・レヴィットが、ドラッカーの剽窃者をもって自ら任じていたのが典型である。

発展させる人々に共通するのは、マネジメントをスキルの問題とともにフレームワークの問題、すなわち世界観の問題と捉えている。言い換えると、マネジメントとはスキルでない無数のものを含んでいる。そこには必ず世界観、思想や哲学がある。何ごとも手段だけを発展させることはできない。

北海道に旅行に行くという目的は共通でも、そこにいたるのにはいくつもの方法がある。飛行機でも船でも行ける。夜行列車でも行けるし、新幹線を乗り継いでも行ける。はじめから鈍行でも行ける。ひいては自転車や徒歩でも時間さえかければ行くことができる。だが、確かなのは目的地に到達するための手段のなかに、その人の旅への考え方、あるいは人生観が確実に反映されている。スキルもそのようなものだ。そして、背後には、コントラバスの重奏のように常にフレームワーク、思想といったものが鳴り響いている。恐らく、マネジメントに関してそのような底流をなす体系を提示しえたのは今もってドラッカーだけであろう。たとえば、今多くの企業で取り入れられている、バランスト・スコアカードなどはスキルとしては充実しているものの、その八〇％は『現代の経営』で展開された考え方である。フレームを理解すれば、スキルは付け足しに過ぎなくなる。

必然の進歩は幻想である

世界観とはどのような風景を当たり前と感じるかに関わる。すでに現代を生きる人々は祖父母や父母の時代とは異なる風景を目にしている。そしてわれわれの子や孫の世代は、われわれとはまったく違う風景を目にすることになる。

典型的なものはイズムの消長だ。古くは中世において宗教的意味合いにおける「必然の堕落」というものがあった。堕落とは変化を意味した。つまり、変化こそが悪の張本人だった。変わることは明らかに悪だった。その当時存在した組織とはすべてが変化を阻止することを本質に持っていた。だが、一七世紀以降、いわゆる近代にいたって、そのような風景は様変わりした。

まったく正反対の世界観が支配しはじめた。変化というものが世の中を覆いはじめた。同時に、それらの変化にはあるべき姿というものがあるという思想が一般化していった。その特徴を一言で表すならば、必然の進歩があるはずだに尽きよう。

彼の生育環境も多分に関係しているが、ドラッカーは早くから「必然の進歩」を信じてはいなかった。彼はオーストリアのウィーンやフランクフルトで二〇年代から三〇年代にかけて生起し猛威をふるうナチズムを目のあたりにしている。なぜ文明が最高潮を迎える二〇世紀に、しかもゲーテやモーツァルトを生んだヨーロッパでそのような凄惨かつ非人道的な出来事が支配するのか。合理を信じるものにとって、かかる現実とは不条理以外の何ものでもない。現実を前に呆然自失するのみである。

「必然の進歩」などというものは存在しない。ここから思考のフレームを再編することである。それが現実観察の基本姿勢となる。変化のための指針となる。

マネジメント誕生に関わる契機、あるいはそれに関する問題意識を考える際も世界観の視点を避けて通ることができない。何よりもいかなるイデオロギーも人や社会を幸福にできなかった。いやそのような言い方は正確ではない。社会主義、全体主義、資本主義、それらのイデオロギーはもっと積極的に人と社会にとって害をなしてきた。一貫して損ない続けてきた。そのような時代状況を生きてきたせいとも思うが、ドラッカー自身はマネジメントによって社会が成立するとするならば、まずもってそれによる深甚なる副作用がないかということを考えている。社会主義、全体主義、資本主義が人と社会を不幸にしたように、マネジメントによる産業社会も人と社会を不幸にするのではないかと考えた。

重要なのは、それぞれの文化に適応した方法論である。確かに企業組織によって生産力は上がった。しかしそれぞれの企業があたかも国家内国家のように奴隷制を布いていたら、あるいは絶対階級が支配していたら、それは違う形で人と社会を損なうことになる。組織が社会に対して害をなす存在になってしまったらどうなるか。産業社会は成立しないことになる。あるいは新手の悪性イデオロギーということになるだろう。

結局、人というものは「こうすればうまくいく」という論法が好きでたまらない。つまるところ怠け者である。だから手を変え品を変え、新しい絶対的な理論や手法を編み出しては瞞されてきた。それはドラッカーが言うように、追い求めてはいけない「賢人の石」だった。そのような例はマネジメントの中にもある。たとえば、マネジメント・サイエンスなどは本来生産力向上に貢献すべき存在だったのに、結局は極端な定量化に特化した異形の学問になってしまった。

それまでの社会科学の歴史が証明するように、極端な定量化とはそれ自体一つの病理であり、危険なイズムだ。経済学が典型であろう。数学を利用して物理学が大成功したのを横目で見たこともあり、同じように数学を利用して経済学の地位は確かに向上した。各国には大臣クラスまで誕生した。さらにそのような世俗的成功を横目で見た人が自分にも儲けさせろということで、経営学者までそれを活用するようになった。だが、結局のところ、社会に関するものでの極度の定量化は意味あるものとはならない。

イズムなしで成立する世界は可能か

一八世紀後半にジェームズ・ワットが発明した蒸気機関が産業革命の導火線となったことはよく知られている。それというのも、一七世紀にフランスの幾何学者デカルトによる近代合理主義の具現化の過程だった。ワットの発明の文明史的意味とは、テクネの技術化である。ワット以前に工具製作者たちが生まれていた。彼らの存なりえない。

在が産業革命の基盤となった。同じ技術を手にしても、それを意味あるものに転換できなければ社会的な力とは

ワット自身も、テクノロジストとして店を開こうとしたものの、ギルドに阻まれた経験を持つ。そこへあの経済学者アダム・スミスが自らの職場であるグラスゴー大学でワットに作業場を与えた。そこから一七七六年、鉱山の排水用として蒸気機関が生まれ、それが繊維産業に応用され普及した。歴史上最大といってよい予期せぬ成功だった。

同年、スミスが『国富論』を発刊し、自由な経済活動を行うことで市場社会は機能することを説いた。思想と実践が見事に社会的な力として同時に爆発したのがその年だった。生産力は劇的に向上した。にもかかわらず、うまくいくはずの自由経済が必ずしもうまくいかなくなった。

そこで出てきたのが、生産手段を労働者大衆に手渡すならばうまくいくとする説だった。やがて世界を席巻した。しかしそれでもうまくいかなかった。あるのは殺戮と革命だった。そのような資本主義、社会主義いずれにも共通したものが経済を至上とする考えだった。いずれも経済をあらゆる価値の最上階に置く危険なイデオロギーだった。それならばということでの行き先が「脱経済至上主義」のファシズムだった。しかしこれら三つの考えに共通するものがイズムだった。

イズムとは、簡単に言ってしまえば、「こうすれば必ずうまくいくはず」とする原理主義である。その淵源は、頭の中でベストのものが見つかるはずという信念を世に提出し支持を得たデカルト流のものの考え方だった。そこには常に精緻な体系が組み立てられるのが普通で、その中心に何が置かれるかの違いしかない。一九世紀型のイズムでは、こうすれば人は幸せになるはずだとして、とっかえひっかえ新しいものが現れた。でもいず

れもうまくはいかなかった。そのような思想的構造を見たのが青年時代のドラッカーだった。彼は考える人ではなかった。見る人、あるいは聞く人だった。彼が生涯発言をやめなかったのは、一貫してこの反イズムの領域だった。その具現化こそがマネジメントだった。

というのも、大戦後もイズムとイズムの戦いは続いていた。資本主義陣営はファシズムを破り、そして社会主義をも破ったかに見えた。だが、彼の目に映る本質的な社会像とは、イズムなしで十分成立する世界だった。組織社会において組織がどのように運営されるか。マネジメントと生産力が結びついて豊かな社会を実現し人を幸福にすることはできるか。しかしそれはイズムとは無関係の世界だった。

あるのは人間と社会だけである。その発展のための道具として組織がある。そのことに目がいっていた人は少なかった。実は今なお少ない。

「現実」を現実的に説明する力

では、ドラッカーによる世界観はどのようなものか。根源的な問題意識に通じるために、必ずしも容易な作業ではない。ドラッカーの主張のフレームワークは絵解きを必要とする。解釈を必要とする。その点を明らかにしていくことが今後の世界の構築に大きく寄与する。同時に、その結果明らかになったことを常識としていくことが必要となる。彼の問いは常に現実と密に接しつつも、常に文明史的なものだった。「産業社会は社会として成立するか」「ヒトラーの出現は必然か」——。そのような種類の問いをいくつも発して、さまざまなアプローチを試みた。そもそもドラッカーは政治学者だった。

そこから導き出された視座が、知識を生産的なものとしあらゆるものに成果を上げさせる作法、そしてそのための基盤となる組織社会の到来に関するものだった。彼の観察によれば、社会において、生産力とイズムが一緒になると必ず悪い方向に行く。いかに善良な動機に貫かれようとも、イズムには人間社会を救済する力はない。

現実に、社会主義、全体主義、そして資本主義さえもすべてうまくいかなかった。それは現実そのものを現実的に説明する力が、イデオロギーという合理主義の産物には絶望的に欠落していたからだ。ドラッカーが組織社会というイズムにもイデオロギーにもよることのないきわめて現実的な社会上の特質に着目したのは当然といえば当然だった。組織とは手段であって、機能である。手段の卓越は成果によって測られる。それは善悪の問題ではない。機能するかしないか、それだけの問題である。ドラッカーが生産力と組織社会を結びつけ、そのいかんに産業社会の未来を見たのは、深いレベルで企まれた彼の思考フレームを忠実に反映するものだった。

むろんそのようなフレームワークはいま現在進行する問題を読み解くうえできわめて高い効果を発揮する。ドラッカーのフレームワークでは、いかなるものであれ、何のためのものか、すなわち目的に関するコンセプトが問われる。建物やそこに生活する人々への思いや想像のないところに、「のみ」や「かんな」の意味はない。目的の観念があってはじめて手段の意味が理解される。組織も技術もマネジメントも、すべてが世と人のための手段であることが強調されるのはそのためである。

フレームワークとはヴィジョン（視角）を固定する役割を持つ。ゆえにその重要性は誰しも認めざるをえないながらも、あまりに基本的過ぎるために気づかれることがない。これまでも、種々の学問領域において進歩に貢献してきた者に共通するのは、新たなフレームワークを見出したことにある。ニュートンもアインシュタインもマルクスもそうである。

つまり、フレームワークのほうがスキルより大切だということである。同じことはマネジメントについても言える。マネジメントとは実に多くの異なる領域からの方法知の濃縮物と見ることができる。そのなかで核となるのはマネジメントの中軸を貫くフレームワークである。

マネジメントがなぜ体系化されるにいたったのか。それが必要だったからにほかならない。実はマネジメント成立に関する問題意識は、脱モダンの企みと同根であった。近代合理主義では立ち行かぬ組織社会を生きるために編み出されたものだった。それをドラッカーの用語で言うと、「このポストモダンの世界」（一九五七年）ということになろう。

あるいはフレームとはゲシュタルトの世界でもある。形態に関する意味と解釈の世界である。それは道である。道とは形態である。形である。全体を全体として把握すること、欠けた陶器に永遠の美を見出すように、その形に精神が宿るとする考え方である。マネジメントでいえば、スキルが重要なのはそこに文明への精神が宿っているからである。形態の世界は因果関係を説明し尽くす必要がない。それは合理の世界ではない。知覚の世界である。うまくいっていることがわかれば、それを使えばいい。うまくいかないならば、使わなければいい。とするならば、形態の世界とは、型を手段として使用しつつも、型を絶対視はしていないということである。たぶん日本画も同じであろう。ドラッカーがあのような一風変わった芸術に惹かれたのも、そのなかにある形式や姿勢に共鳴したのだろう。日本人には比較的なじみのものだ。

ドラッカーのポストモダン

マネジメントでも、会議はなぜか一定の人数を超えるとうまくいかなくなる、といった記述が出てくる。それは形態であり型である。なぜかはわからない。やがてわかるだろう。でもわかるようになるまで待ってはいられない。それがドラッカーの言うことだった。ただそういうものだとしか言いようのないものが世界には存在する。あえていえば常識としか言いようのない何かである。それを認めなければいけない。常識がない人間や社会はコミュニケーションがとれない。

すべて合理の因果関係で明らかにしなければ気が済まない人々は、ものごとをうまく運びえないだけではない。危険な存在である。わからないことが無数にあるという前提を持てるほうがうまくいく。その生ぬるさが人と社会になくてはならない。人間がうまくやっていくのに、完全なものはありえない。だが、まがりなりにも機能するものは追求しなければならない。

そのために用意された世界観がポストモダンだった。ドラッカーのポストモダンとはあまり耳慣れない語彙かもしれないが、決して難しいものではない。まずもって、ドラッカーの言うポストモダンとは、先進的な思想でも革新的な思想でもない。そもそもそれは価値体系という意味での思想でさえない。それによらずして現実が処理できないゆえに必要とされる考え方である。

現実に、モダンの手法では何もさばけない。ポストモダン的手法が最も先鋭的な形で現れたのが、企業組織だった。近年にいたっては、市場が完全にグローバル化し、実質的に「地球市場」としか呼びようのないものとなった。住宅、家電製品、自動車から、百円ショップの小物、駄菓子まで、実質的に一つの市場で需要と供給のバランスがはかられている。近代合理主義思想のなかにはそのような想定はまったく存在しなかった。

では、脱モダンへの試みとはいかにしてなされうるのか。明確な答えは存在しない。だが、道筋は見えつつある。社会が展開していくためには、あらゆる存在が成果を生み出さなければならない。そうしなければいずれ文明自体がもたなくなる。

ならば、成果を上げるのに、最もうまくいく方法がないかを探してみる。探せば必ずある。それは例外かもしれない。しかし、うまくいっているのが事実ならば、方法次第で可能という証でもある。そのようなケースを緻密に描き切り、残していくことだ。あたかも優れた画家が、清明でありのままの自然を画布に再現するように、あるいは日本画の絵師が筆の一さばきで空間を再構成するようにである。

だから、すぐに体系化しようとしてはいけない。それはいずれ誰かがやってくれる。せいぜいのところ模倣の対象、手本とするくらいでちょうどよい。現実とは生き物なのだから、生き物のままに扱わなければならない。そんなケースがきっと今後重要になってくるはずだ。ケースとは構造や自律性の小さな宇宙である。昆虫学者が一日中大好きな昆虫を飽かず眺め観察するように、うまくいく組織や人を正確に観察し記述していく。

われわれの場合で言えば、ドラッカーのマネジメントを現実に適用して成果を収める人や組織について、より精密な観察と記述を重ねていくことに意味がある。そして、そこから自ら自身や、自らの組織に対する新しい意味を読み取ることだ。実はその方法こそが、ドラッカーがＧＭの観察結果に引きつけて最初のマネジメントの書物として世に問うた『企業とは何か』だった。

ドラッカーは西洋が神学を体系化していた中世に、日本では『源氏物語』が書かれていたと言った。日本へのお気に入りの評価だった。彼が日本の芸術にことさら関心を持たざるをえなかったのも、そこに広大無辺の無意識の世界が横たわっていたためだ。現実の世界では、意識されているものなどほんの針の先ほどに過ぎない。意識されているものなど例外中の例外で、ほとんどの物事は意識されていない。知られていない。すなわち、無意識の世界が現に存在していることを意識させてくれるのが日本の芸術だった。その証拠として、日本画は対象を描いていない。空間を描いている。

彼の手法には予期せぬ成功、すなわち理由はわからないながらもうまくできることを徹底的に追求せよといったものがよく出てくる。あるいは人に聞けとも言う。要は自分で意識していること、わかっていることなどたかが知れている。知られていないことのほうが無数にある。だが、それがきちんと説明されるのを待ってはいられない。そのためのアプローチがドラッカー流のものだった。大事なのは、世界をそのようなものとして見ているかどうか、それだけだった。

理論ではなく現象を丹念に描いていく。定義や原理は必要ない。現象は現象を刺激し新たな現象を呼ぶ。それだけで十分である。解釈は読み手がそれぞれにすればいい。得たい人が得たいものを得ればよい。

第Ⅰ部　人と思想

第1章　脱「昨日の世界」の哲学

――ウィーン、フランクフルトの時代

井坂康志

人物像

ドラッカーと聞けば、多くはマネジメントを体系化した経営学者を想起するであろう。ドラッカーがまずもって経営理論で世に名をなしたのは事実である。しかしその言説を経営に限定するならば、体系を貫く基本思想を見落とすことになる。

その活動はきわめて広範に及ぶ。法学で学位を持ち、同時に社会学、政治学、技術史、日本美術等複合的立脚点にもとづく論者だった。そこには経済社会と実践知の結びつきをひときわ強く意識し続けた、ともすれば特異な思想家像が浮かび上がる。その実像は特に活動の初期にあって研究者よりむしろジャーナリスト、警世家のイメージに近い。若き日彼が世の表舞台に登場したとき、手にしていた武器は思弁に偏するものではなかった。きわめて広範囲の主題をめぐる知的営為全体は、いわゆるマネジメント体系に直接関わるか否かとは無関係に実践的関心によって貫かれた。

ドラッカーの思索は実践的諸問題を強く意識し展開されたのみではなかった。それらの具体的解決策の導出に不可欠な視野の広がりと思考の型を備えていた。静態と動態、継続と変革、合理と生態といったいくつもの相対立する視座から人間社会の枠組みを描き、世界の変化に自ら忍耐強く付き合う形で思考を発展させた。十指に余る知的分野に恐るべき精通を示し、それらを寛容に継承しながらその業績は既成の学問の範囲と方法を超え、新たな問題像を提起するものだった。その問題意識は全体的であると同時に立体的だった。方法論にあっては分析とともに知覚を重視した。それは既存の学界に対立と緊張をもたらすものでもあった。しばしば無原則な折衷主義と見なされた。社会の一般通念に反する言説も避けなかった。大学教授の肩書きを持ちながらも、専門研究者たる適性を欠くと見られた。学問上の弟子にも学派の形成にも一切の関心を示さなかった。人の評価に恬淡たるものがあった。

だがドラッカーは、課題の探索にあまりに柔軟でありながら、頑ななまでに思考の型は生涯守り通した。しかも多くは、青年期の時代観察と経験によって培養されたものだった。異形の思想家はいかにして生まれ育まれたか。包括的ヴィジョンはいかなる知的姿勢に基礎づけられるか。いずれであれ、それらを形成した特定の時代的コンテクストの理解が今後ドラッカーの人、思想、学問を適切に評価する足がかりとなるのは間違いない。業績の背後にある思考法や型を描出していくうえで、青年期ほどに思想形成の態様を雄弁に物語るものはない。その一端を見ていくことにしたい。

出生と幼年時代

ドラッカーは一九〇九年、ウィーン一九番街の閑静な住宅街デブリングのカースグラーベン通りで生を受けた。父アドルフは政府高官、母キャロラインは神経科医だった。父は一八七六年の生まれで、ウィーン大学卒業後官職に就いた人である。貿易省次官等を歴任し、退官後、銀行頭取やウィーン大学教授を務めた。その後、一九三八年にナチスの迫害から夫妻ともにアメリカに逃れ、後にノースカロライナ大学に職を得て、国際経済学を教えた。一九四一年以降ワシントンDCのアメリカン大学で教鞭を執りながら、関税委員会で政府関連の仕事にも従事した。一九六七年に没する。

母は一八八五年に生まれ、やはりウィーン大学で医学を修めた人だった。チューリッヒの神経科クリニックで一年ほど助手を務めた。医師資格を持ちながら開業することなく家に入り一九五四年に没した。

医者や法律家、音楽家を多く輩出した家系という。経済的文化的に申し分ない生育環境がドラッカー家にあった。典型的な中産階級だった。ささやかながらも知識社会の酵母だった。教養と財産、親類・縁者・職業上のネットワークが複雑に交錯しつつ展開する世界だった。そのような環境が少年ドラッカーの知性と感性の涵養に少なからず寄与したのは何ら不思議ではない。後々までマネジメントの書物で外科医や指揮者の比喩がごく自然に登場するのも家庭環境のなせるところと思われる。

一家の知的交流にも目をみはるものがあった。自宅では月曜にサロン風の会合が開かれた。当時サロンは単なる社交を越えて、それぞれが文化的に統一された精神共同体であり、小さな宇宙だった。そこに集う人々の顔ぶれでその人がどの階層に属する者かはっきりするほど、社交は階層と一体のものだった。多い時には週に二、三度知人たちが自宅に招かれ、討論に花を咲かせた。経済学者、高級官僚、法律家が多かったとされる。ウィーン・サークルの一端さえ垣間見られた。来客にはシュンペーター、ハイエク、ミーゼスといった父の仕事関係の知識人がいた。さらには、後のチェコ大統領トーマシュ・マサリクがしばしば出席した。叔母の夫で世界的に著名な公法学者ハンス・ケルゼンが家族に近い存在として出入りした。週の後半には母がディナーを設け、医学、数学、音楽などの統一的な話題にもとづいて議論が繰り広げられた。ウィーンの高名な医者が当時欧州で最も有名な人物とされたフロイトをこき下ろす場面に遭遇したのもこの頃だった。

他方、時代状況は刻一刻と陰影を濃くしていった。ウィーンはあらゆる意味で創造性の坩堝《るつぼ》だった。コスモポリタン都市だった。ドラッカーの幼年期はウィーン凋落の歴史と重なる。一九世紀末から二〇世紀初頭にかけて、ウィーンでは学問、芸術等の多様な領域できわめて稀有な才能の持ち主たちが独自の活動にいそしむ。ドラッカーが生まれた頃の二〇世紀初頭のウィーンは、文明の中心地としての輝きがかろうじて残っていた。同じ時期ウィーンで青年期を過ごしたシュテファン・ツヴァイクは当地を次のように回顧する。

「ヨーロッパの都市でウィーンほど、文化的なものへの欲求を情熱的に持っているところはなかった。その君主国が、オーストリアが、何世紀このかた政治的に野心を抱きもしなかったし、その軍事的活動で特に成果を収めもしなかったゆえにこそ、郷土の誇りは芸術的な優越を得ようとする願望にも強く向けられた。……そして知らず知らずのうちにこの都市の市民の一人一人が、超国民的なもの、コスモポリタンなもの、世界市民へと育てあげられていった。(1)」

ドラッカーがギムナジウムに入学するあたりには故郷ウィーンへの失望は決定的なものとなっていた。「昨日の世界」からの脱出を決めていた。出発点は第一次大戦後の崩れゆく文明の幻影だった。

ウィーンとギムナジウムの時代

知的に早熟だったドラッカーはすでに時代状況と厳しく切り結び、現実的な課題を受け取っていた。後にドラッカー自身が述べるように、マネジメント体系の基本的な性格はコスモポリタン都市ウィーンの凋落と欧州文明の終焉に規定されるものだった。

ドラッカーは地元のシュワルツワルト小学校を経て、一九二七年の一七歳まで地元のデブリンガー・ギムナジウムに籍を置く。当時のギムナジウムは大戦を挟んだとはいえ、ハプスブルグ帝国時代の文化が濃厚だった。ギムナジウムの卒業資格は大学進学と一体化していた。帝国が教育制度を作り上げるのは一八五〇年以降である。ギムナジウムに進学した者は最終学年でマトゥーラなる卒業試験を受験し、それに合格すれば他のドイツ語圏も含む大学入学資格を得ることができた。

主な進学先として、帝国時代から多様な講座を備えた総合大学が整備されていた。ウィーン、グラーツ、プラハ、ブタペストなどには工科大学が置かれ、他には森林学、農学、応用美術などを教える単科大学もあった。ただし、工科大学や単科大学進学のコースを選択する者には別に実科中高等学校が用意されていた。こちらはテクノロジスト（職業人）養成を目的としており、小学校を終えると各種職業学校で職業技能を身につけ多くはそのまま社会に出た。

ギムナジウムのカリキュラムは古典教養科目の伝統にもとづくものだった。たとえばラテン語が八年間、入学から卒業まで週六時間必修、うち二年間は週八時間だった。ギリシャ語も必修とされ、五年間あるいは六年間で週五時間あった。カリキュラムの細目はギムナジウムごとに異なるものの、名門校などではギリシャ語の一環としてアリストテレスの購読まであった。

古典教養科目は学生の生活や経験をはるかに越える非日常の世界である。苦痛を伴いつつも学業に秀でた者には抽象的推論能力のよき訓練の場ともなった。わけても、ギリシャやラテンの詩文暗記などは古典・神話に関する広範な知識や鋭敏な言語センスを養うのに大きな役割を果たした。言語を通じた知的伝統への敬意、そして自らもその伝統に連なるものとしての矜持を自然に培う場としてもギムナジウムは機能していた。マクルーハンの着目する古典的教養としての弁論術である。

当時の学生にとってそこがいかなる意味を持つ場所であったか――。ギムナジウムを舞台とする文学作品は少なくない。ドイツ語圏の作家によるものでもヘルマン・ヘッセやトーマス・マン、ケストラーなどの作品の舞台となる。

ツヴァイク『昨日の世界』の「前世紀の学校」では時代の象徴としての胸苦しい悪夢として登場する。ツヴァイク自身はよく知られるように、言語の天才である。そんな彼でさえ、ギムナジウム時代の授業は悲哀に堪えざる代物だった。むしろ歴史を生ける世界として記述していく独自の文学スタイルはギムナジウム時代の退屈な授業の反動であった。毎日ほぼ六時間程度木製の椅子に固定されたことを彼は怨みがましく「そのような圧迫を不満をもって感じなかった級友を思い出すことはできない」と書き記している。ギムナジウムに対して抱く負の感情は決してツヴァイク一人のものではない。むしろ当時の若者たち一般が抑圧的で時にサディスティックな教育機関を悪夢とともに追憶するのが常だった。

ギムナジウムの果実

他方、自由に飛翔してやまぬ精神もまた全く正反対ながらギムナジウムの果実だった。この牢獄を反転のばねとして、知の自由へのあくなき探求はむしろ活発になっていった。そのような思想をツヴァイクは次のような瑞々しく美しい章句で表現している。

「故郷なき者こそが、新しい意味において自由であり、何ものにも束縛されない者のみが、もはや何ものをも顧みる必要がない。(2)」

その約二〇年後輩にあたるドラッカーの世代も、ギムナジウムの重厚な知的風土は残存していた。ドラッカーがキルケゴールと出会うのは卒業間もないハンブルグ時代ながら、それでもなおキルケゴールを深く読むためにデンマーク語を学んだと書いている。その根源的な問いつめのための知的錬磨、精神修養のありようは、旧態依然たる社会体制のなかにあって進取の魂を持つウィーンの学生気質にも大いによっていた。

ツヴァイクの言にならえば、明らかにドラッカーも「何ものにも束縛されない者」の一人だった。そのことが彼をしてしかるべき流儀で「全世界を自己のうちにとらえる」ことを可能とした。そこにおいて、反語的な意味合いながら、ギムナジウムほど彼に「世の道理」を教えた学校はなかった。むろん彼にとってもギムナジウムが退屈と苦痛をもたらす場所であるのに変わりはなかった。ツヴァイクが在学した頃の世紀末の陰惨さは相当に減じられていたようだが、自由の精神に飛翔せんとする若者の心をつなぎとめておくのに、ギムナジウムが適切な場であるなどほぼありえないことだった。

その意味では、ドラッカーの体験したギムナジウムはツヴァイクのそれよりいくぶんましと言いうるものに過ぎない。彼は最年少の一〇歳で入学している。それでも、年嵩の同級生に混じって、中の上の成績を維持した。かなり早い時期から自らの学び方を確立し、勉学への処し方を知っていた。ラテン語、ギリシャ語などの古典的教養科目についてもしかるべき成績は残した。落第の恐怖からは無縁だった。

だが、ドラッカーもまた規律と統制が厳しく支配するこの小空間で精神的に倦み疲れていたと想像すべき根拠はある。弱冠一四にして故郷脱出を夢見ていた。まして学校の壁の中で自分の居場所を見出せると期待できなかった。ギムナジウムのみではない。ウィーンの神経症的風土も問題だった。「戦前」に取り憑かれていた。「昔は今に優る」が当時のウィーンの人々の口癖だった。そんな時代状況が何より生理的嫌悪をもよおした。

過去の都

むろん当時のウィーン市民による過去への執着は数多くの著作によっても指摘される。ツヴァイクは第一次大戦前を「黄金の安定期」と呼び、その二〇年において社会的・政治的生活における反ユダヤ主義が一時的に消滅したのを記録する。黄金時代の記憶は時とともに消えゆくものではなかった。反対に時とともに輝きを増すものだった。

一九二〇年、三〇年代のオーストリアにあって、知識人や指導者層は、おしなべて旧帝国時代に育っていた。「戦前」から離れられない心性は、彼らをあまりに深く浸食した。二〇年代に法律、経済、社会学、政治理論、哲学などの領域でいわゆる実証主義をさかんに繰り広げた叔父ハンス・ケルゼンなどの代表的理論家にあっても、その理論構築の基礎にあったのは、「戦前」から引き継がれた価値観だった。むしろ戦前に培われたものが、知的前提の根本変化などものともせず大手を振って闊歩する不自然さが鋭敏なドラッカーの感性を刺した。

過去への郷愁や執着、退嬰感、あるいは総じてデカダンスと呼ばれる時代の支配的空気こそが、ナチズム勃興の主因となるのをドラッカーは一〇年を経ずして『「経済人」の終わり』で指摘した。

そんな抜き差しならぬ時代、ドラッカーはギムナジウムの帰りに国立図書館で読書する喜びを見出した。法哲学と社会学の本を集中的に読む。それが独学の流儀と意味、学びの価値の多様性を教える。碩学ツヴァイクは確実にドラッカーの先輩にあたる実践者だった。

フランクフルト時代

ギムナジウムを卒業し、ハンブルグでの短期の社会人経験を経て、ドラッカーはフランクフルトで知力と行動力を実践に移す。当時、フランクフルト大学に籍を置き国際法の研究を行う傍ら、地元紙の記者を兼任した。

ドラッカー思想の理解にあたり、それまで培われた知的基盤や習慣のみでなく、実際に社会人としての活動で獲得された高度な実践性をも加味するならば、フランクフルト時代こそが「全世界を自己のうちにとらえる」孵化器の役を果たした事実に気づかないわけにはいかない。一九二〇年代後半から三〇年代初頭のドイツというきわめて強い時代的風圧、特にナチズムとの対抗関係は言動を規定し尽くした。何よりナチズムとの現実的な接点はフランクフルトをもって始まった。

むろんウィーン時代からヒトラーの『我が闘争』を一読し、そこに書かれたことをほぼすべて未来に起こるものと直観していた。酔漢の繰り言ではなく、確固たる政治的イデオロギーの宣言と受けとめていた。だがフランクフルトではナチスの党大会に潜入したばかりか、ゲッベルスやヒトラーへのインタビューさえ敢行した。その思索、観察、行動の中で、ナチズムの正体を着実に掌中に収めていった。

その視座こそがフランクフルト時代の最大の収穫だった。事実ナチズムは欧州再建を企図した絶望の闘争だった。

ウィーン時代の文明崩壊の予兆がフランクフルトで現実に変わった。それは「戦前」に取り憑かれ堕落した社会の世直し運動のみではなく、欧州再生に向けたナショナリズム革命の形で現実と化した。ナチズムが多くの国民から熱狂的支持を得たのはそこだった。その様相をあまりに間近で見たせいか、ナチズム勃興期から興隆期にいたるドラッカーの思考は生々しい政治そのものといってよい。すでに三〇年代初頭にして『「経済人」の終わり』の下書きは終えられていた。

ドラッカーのドイツにおける思想形成は、いずれも危機の時代の思考実験だった。理論的争点を超越して実際的でむきだしの暴力への抵抗だった。事実、彼の著作群には時代診断の結果捉えた文明の方向喪失を政治的展望に望みをかけることで克服しようとする思考が終始離れない。マネジメント関連の著作さえその例外ではない。

基礎的視座の形成

ウィーン、フランクフルト時代を概観する上でのモチーフの一つが文明の崩壊だった。西欧近代の終焉を見つめ、そのあまりにリアルな危機感のなかで後年のドラッカーの思考が育まれていった。差し迫る現実のなかで、運動で筋肉が鍛えられるように、実践で思想的な基盤が形成された。ドラッカー著作の本質たる高度の実践性はかかる歴史的遠景なくして理解しえない。

では、そのような危機意識に立つ思想基盤はいかなるものか。そこには文明観、イデオロギー観、歴史解釈、近代合理主義批判といったさまざまな土壌が観察できる。しかも、それは思弁にとどまることなく、行動様式をも内面的に規定するものだった。

それがいかに後々までドラッカーの内面の枠組みたり続けたかは一九八九年の著作『新しい現実』で示されたソ連崩壊への卓抜な見解にほぼそのままの形で表れる。ソ連崩壊への見解も実相を見るならば、半世紀前の『「経済人」の終わり』のモチーフが繰り返されただけだった。同書は一九三〇年代にして社会主義が人間社会に希望と幸福を与えぬとの事実を見抜いている。ソヴィエト帝国は幻想であり、砂上の楼閣に過ぎぬとする。冷戦構造のはるか前、計画主義のはらむ危険は見抜かれ、構造は分析し尽くされていた。

それのみか全体主義、ひいては資本主義までも、二〇世紀の象徴的イデオロギーとしてその構造分析がなされた。いずれも欧州時代の思索と体験の賜だった。

そもそも思想的にドラッカーは保守主義の系譜に属する。保守主義者はユートピアを信じない。社会主義、全体主義、資本主義いずれの衣装をまとうものであれ、完全無欠の社会を信じない。それは『「経済人」の終わり』が繰り返すごとく全体主義、マルクス主義への激烈な批判、さかのぼればフランス革命のジャコバン主義への否定的評価、さらにはそれと好対照をなすアメリカ独立革命や日本の明治維新への賛同によっても知られる。

マネジメントも例外でない。事業部制、目標管理などの組織原理や戦略策定の基本イメージはアメリカ政治の基本理念にきわめて近い。その対比で言えば、フランス革命における啓蒙やソヴィエトの一党独裁のイメージほどにその理念から遠いものはない。ドラッカーの保守主義思想は計画主義ないし理性主義への批判的視角と表裏一体にある。

一九三三年四月やがて欧州を席巻し尽くす現実を目前にして彼は一つの決断を余儀なくされる。ユートピアを自称する帝国からの脱出がそれだった。ナチス・ドイツからイギリスを経てアメリカに渡る決断は少年時代から青年期に至る思索と経験の一つの中間決算的意味合いをさえ持つものだった。そのときに選び取られた姿勢は生涯精神に消すことのできぬ刻印となった。

目にしてきた現実は、数百年来の伝統と歴史を持つ大帝国の崩壊、そして文明そのものの断絶だった。秩序の深層崩壊だった。それにともなう無数の紛争と不条理が瀰漫する時代状況だった。安泰なる秩序はもはや存在しなかった。そこから自らの知的道程をスタートせざるをえなかった。

二人の保守主義者——シュタールとバーク

当時のドラッカーに直接的影響を持った保守主義者に若干ふれておきたい。フリードリヒ・ユリウス・シュタール（一八〇二～一八六一年）とエドマンド・バーク（一七二九～一七九七年）である。そもそもドラッカーの事実上の著作活動は「F・J・シュタール論」（一九三三年）をもって始まる。副題に「保守主義とその歴史的展開」と掲げられる小冊子であって、ドイツ脱出直前にチュービンゲンのモーア社から出版される。重視すべき方法論として保守主義を捉え、自らの立場を明らかにする。保守主義とは歴史的是認を経た個と政治の自由を守る。それらを現実の問題解決の手段とする。高次の秩序を重んじ人の不完全性を自覚する。

シュタールは一九世紀の改宗ユダヤ人であり、ベルリン大学教授としてヘーゲルを批判的に継承した知識人だった。政治家でもあった。一九世紀にあって独自の保守思想で復古と革命の間を揺れ動く、危機状況の克服を試みた。やや時を置いて公刊される政治的著作『「経済人」の終わり』『産業人の未来』はその時期や内容における連続性を見るならば、「シュタール論」なる種子から萌芽したものと考えてよい。特に『産業人の未来』は正統性概念を正面から考察し新社会に位置付けた点においてその関連性にはきわめて強いものがある。

同書副題には「保守主義的アプローチ」が掲げられ、先駆たるバークが参照される。次のように依拠が表明され、理性主義との訣別が宣言される。

「本書の基本概念たる一人ひとりの人間の「位置」と「役割」は、いずれも保守主義の語彙である。エドマンド・バークやジェームズ・マディソンの語彙であって、ジョン・ロックの語彙ではない。ましてフランス革命や、カール・マルクスの語彙ではない(3)。」

バークはドラッカー著作で最も注意深く言及される思想家の一人だった。特に社会の成立及び保守主義的アプローチの一般概念について論じられる際に顕著だった。ドラッカーの社会思想はある面でバーク保守主義思想の受容・継承プロセスそのものだった。バークは穏健な自由主義と保守主義を最大価値とした思想家だった。フランス革命の観察を通じ、既存価値体系の維持発展をもって急進的動乱に対峙した思想家だった。時代診断家としてのバークとドラッカーの立場は、その思考様式を見る限りあまりに同次元で共鳴し合う。バークにおけるフランス革命批判、ドラッカーにおけるナチズム批判は同型の思考を持つ。さらに西欧保守主義思想の系譜においてさえ、両者の思想的営為は複雑に錯綜する時代状況にあって、高度に共通の運動法則と展開を見せた。バークとドラッカーという時代状況を異にする二人の思想家に通底する社会観、保守主義的思考による洞察の反映と見てよい。

ではドラッカーにとって、保守主義とはいかなる意味と価値内容を持つものだったか。本来、保守主義は「ナイル河のように、一つの湖、しかも広大で果てしない広さをもった湖から発しているのであって、その境界はだれも見極めることができない」多様な相貌を持つ（L・H・セシル）。さらに近代思想としての保守主義を検討する場合、その種の自然的性向が重要な一部をなす一方で、統一体として理解可能な価値内容をも合わせ持つ。いわば人間の自然的性向と識別しうる、意識的営為としての保守主義である。

それは保守主義のとる独自の構造に由来する。人間理性により措定された原理が現実を認識・評価するという、いわゆる近代合理主義の思考様式とは反対に、原理が現実と同レベルで直接的に作用し合うものとする。その意味で保守主義は人間理性の力や急進的変革に総じて懐疑的である。社会の自己調整能力を相対的に信頼する。バークをはじめとする保守主義たちも社会の自己調整機能の担い手たる指導階層や、時代の風雪に耐えた慣習、偏見をことのほか重視した。

一方、一切の変革を全面的に否定するものではない。変革の必要性を承認したうえで、現実を起点とした漸進主義的アプローチを志向する。社会を歴史的にしかるべき意味付け、権威付けを経た有機統一体と見なし、現存素材（制度、慣習、価値体系等）を変革の手段とする最高方針を持つ。

それらの価値内容は、まさにバークとドラッカーにおいてそうであったように、アクチュアルな危機状況、すなわち社会的価値体系が根底から危機に晒される事態への反発、働きかけを持ってその具体的様相を明らかにすることが多い。ドラッカーにあっても「シュタール論」から保守主義にもとづく社会の再構築を主張していた。だが、ナチスの政権掌握に伴い、欧州では社会の機能不全が個の意志を超絶する。その煽りを受けて「シュタール論」もナチスの憤激に遭い、焚書とされる。そんな個人的経験からも欧州先進諸国が真に機能する社会を創造できない事実を主要関心事とせざるをえなかった。

そもそも当時にあってドラッカーは社会科学が社会の現実問題を保守主義の視角から適切に取り扱っていないと感じていた。現実に生起する危機への具体的な診断がまずなされるべきであった。ドラッカーにとって社会における意味ある個、コミュニティの創造そして社会の正統性の維持・発展は不即不離の関係にあった。

そのような観察結果から、彼は社会成立に必要な理論上の三つの基本コンセプトを提示する。第一は社会における人間の尊厳、目的価値としての人間である（位置付け）。第二は社会における人間の働きや機能である（役割）。第三は高次の規範、責任、ヴィジョンを根拠とする社会的認知によって正当化される権力である（正統性）。いずれもドラッカー流保守主義解釈の実地適用だった。

ヴァルター・ラーテナウ――思想としてのマネジメント

青年期に育まれた思想は、後年のマネジメントとどう接続するのか。種子はやはり欧州時代にあった。その架橋役がヴァルター・ラーテナウ（一八六七～一九二二年）だった。二〇年代を中心にドラッカーの思想形成に深甚なる影響を与えたのがラーテナウだった。

ラーテナウは右にも左にも収まり切らぬとらえどころなき思想家だった。同時代人によるラーテナウ評価には多岐にわたるものがある。ハイエクが『隷従への道』で次のように述べる。

「第一次世界大戦中にドイツの原材料管理に対して独裁的権力を振るった、ヴァルター・ラーテナウ……は、自分が始めた全体主義的経済がどんなに恐るべき結果をもたらすことになるか、という点に気付いていたならば、自分自身が身震いしたことだろう。

それはそれとして、もしもナチスの考え方の発展を十分に説明した歴史書が書かれるとするなら、その中で彼はかなり高い立場を占めるに足る人物である。すなわちラーテナウは、その著作を通じておそらく他の誰よりも強力に、第一次大戦中や大戦直後に育った世代の経済的見解を決定づけた人物である。[4]」

ツヴァイクは同じ人物を次のように評する。

「（ラパロ条約締結に際して）このヨーロッパ史における記憶すべき交渉の主導者は、誰あろう私の旧友ラーテナウにほかならなかった。彼の天才的な組織本能は、すでに戦時中に偉大に確証された。戦争の初期早くも、彼はドイツ経済の最も弱体な箇所を認識したが、その点こそドイツ経済が後日にまた致命的打撃を受けたところである。すなわち、原料供給ということである。ラーテナウは機を失せずして（この点でも時代にさきがけて）全経済を集中的に編成した。[5]」

ツヴァイクは暗殺の直前まで共に過ごし、勤務先の外務省で握手して別れる。それが最後の別れとなったことをツヴァイクは昨日のように切々と思い起こす。ラーテナウの突然の死は当時の人々にとって筆舌に尽くしがたい悲嘆と衝撃、絶望をもたらしたが、ツヴァイクにとってその死は親しい友人を超えて、欧州の暗澹たる未来を予兆するものとして、彼をして絶望の時代の到来を確実視させるのに十分なものとなった。

事実、ツヴァイクの人生が大きく暗転しはじめるのはおおむね二〇年代前半、ラーテナウ暗殺の報を聞いたあたりである。ラーテナウの死は一個の人生の終焉のみならず、欧州全体の暗転をも背負うものでもあった。ツヴァイクが次のように述べるのはいささかの誇張でもない。

「私がこの歴史的に不幸きわまる場景の目撃者とならなかったのは、実はほんの偶然であったのである。それで私は、いっそう感動的に、具体的な印象をもって、この悲劇のエピソードを偲ぶことができたが、このエピソードとともに、ドイツの不幸、ヨーロッパの不幸が始まったのである。(6)」

まさに「西洋の没落」のカリカチュアがラーテナウの暗殺だった。彼の死は特に当時の知識人たちの間であまりにも大きな衝撃をもたらした。やはりラーテナウと友人関係にあったアインシュタインはその悲報に接し、瞬時に実体的暴力の時代の到来を直覚したばかりか、反ユダヤ主義の台頭さえ理解したという。当時アインシュタインは同じベルリンにおり、報を聞くやすべての講義の予定を取りやめたとされている。当時、遠くプラハにいた作家のカフカは、「ラーテナウの業績と生涯には信じがたいほどのものがあった。私が彼の死を噂で知ったのは、二カ月経った後だった」と述べる。

ラーテナウはドイツの実業家にして思想家だった。ドラッカーは後に自らのマネジメント思想の形成にあって先覚者がいたことを認め、そのことを率直に書き記している。アンリ・ファヨール、メアリー・パーカー・フォレットに加え、日本の実業家の渋沢栄一、岩崎弥太郎などもいた。だが、ドラッカーのマネジメント思想の培養に力を持つ者の中で、ラーテナウの存在はあまりに際立っていた。ドラッカーもまたわずか一二歳ながらラーテナウの死の直接的影響を受けた一人だった。

その影響力がいかに巨大なものであったか、もはやラーテナウはマネジメントの先駆を超えて、カサンドラのごとき文明迷走の予言者だった。ドラッカーはマネジメントに思いを馳せるはるか以前からラーテナウを知っていた。一〇歳以前から父の話や新聞購読を通じて、その名を強く脳裏に刻み込んだ。事実、知名度において群を抜いていた。AEG総裁であり、社会主義理論家だった。欧州を代表する知性だった。ドイツの外務大臣を務めた俊英だったが、一九二二年に右翼によって暗殺され、奇しくも彼が来るべき暗黒の時代の最初のユダヤ人犠牲者となった。その悲劇の生涯が崩れ行く文明の象徴たるをドラッカーは理解した。主要関心たる「文明」そして「マネジメント」を直接架橋しうる唯一の存在だった。

一九九七年八月二〇日上田惇生氏への私信で、ドラッカーはラーテナウ暗殺の悲報に接した経験を次のように記している。

「ヴァルター・ラーテナウが暗殺されたのは一九二二年六月のことだ。実際のところ、それが私にとって政治に関する衝撃的な記憶の最初のものとなった。その日学校が退けて、家に帰る途中のことだった。号外が出ていた。見ると大見出しで『ラーテナウ暗殺さる』とあった。むろん当時私はオーストリアにおり、ラーテナウはドイツ人だった。それでもウィーン市民のほとんどはラーテナウの名を知っていた。(7)」

少年の心の動揺が伝わってくる。

ドラッカーがラーテナウを評するのには大きく言って三つの文脈がある。第一に企業・産業の政治社会的意義を見抜いたこと、第二に企業社会が必然的に多元社会たらざるをえない事実を認識したこと、第三に多元社会の中心が組織を通して担われるのを理解したことだった。ドラッカーは自ら「マネジメントを発明した」とする。だが、正確には過去に示された多様な思想・実践を丹念にふまえつつ、一つの体系と方法にまとめたというのが事実である。その意味では、マネジメントはラーテナウの壮大な墓碑銘だった。ラーテナウのごとき先駆者を語るに際し、深い敬意と衷心からの哀悼が垣間見られるのはそのためであろう。

その意識はむしろ晩年にいたり明瞭に表出された。二〇〇三年刊『機能する社会』は戦中から戦後にかけての社会学的考察を編集して一書としたものである。七部から成り、各部の冒頭には二〇〇二年に執筆されたドラッカー自身による短いイントロダクションがある。その第四部は「新たなる多元主義」と題され、ラーテナウへの賛辞からはじまる。

「マネジメントなる新たな機関を私が発明したとするのは、必ずしもあたっていない。最初にそれをなし遂げたのはヴァルター・ラーテナウだった。彼は思想家であり、産業家だった。政治家でもあった。後に右翼によるテロの犠牲者となった。彼がそのことを最初に指摘したのは一九一八年の著作『新しい社会』(*Die Neue Wirtschaft*) だった。そこで彼は企業組織こそが新たな、そしてかつて手にしたことのない『機関』なのであって、その政治的機能、目的、価値、構造において権力の中心をなす自律的存在であるとした。」(8)

ラーテナウこそが次なる世界の原理を思索と実践によって理解した最初の人であった。そのゆえに彼は崩落する欧州文明と運命をともにせざるをえなかった。ラーテナウはドラッカーにとって永遠のアンチ・ヒーローだった。そこが思想としてのマネジメントの出発点となった。

西洋文明の崩壊と再生

ドラッカーは九一歳になる二〇〇一年の初頭、日本の経済誌に掲載されたインタビューにコメントを寄せている。そこで他の経営学者と自分を決定的に分ける根拠を次のように述べる。

「私の場合は、社会への関心の原点が第一次世界大戦時、一九二〇年代、三〇年代における西欧社会および西欧文明の崩壊にあったためだが、企業とそのマネジメントを経済的な存在としてだけでなく、社会的な存在として、さらに進んで理念的な存在としてとらえてきた。確かに企業の目的は、顧客を創造し、富を創造し、雇用を創出することにある。だが、それらのことができるのは、企業自体がコミュニティとなり、そこに働く一人ひとりの人間に働きがいと位置付けと役割を与え、経済的な存在であることを超えて社会的な存在となりえたときだけである。(9)」

著作や論文でも、かくまで明確に自らの知的原点を明らかにしたものはない。数ある著作でも「文明の崩壊」なる語を使用するのは、『ポスト資本主義社会』二〇〇〇年版序文以降、すなわち最晩年にいたってからである。ドラッカーの知的来歴は政治評論にはじまりマネジメント研究を経て文明観察に終わる。きわめて端然たる歩みに見える。だがその間、大仰な言辞を弄せずとも、まさに死を迎えるそのときまで、ドラッカーの瞳には欧州文明断絶の遠景が不吉なフィルムのごとく克明に映じ続けたに違いない。

マネジメントに関わる一連のコンセプトもすべてが西洋文明の崩壊と再生に関わる診断と処方の賜だった。その点こそが、ドラッカーと他の論者を截然と区別する。ドラッカーの人と思想、業績を検討するにあたり、青年期の欧州にあって涵養された経験、思索、観察が何より見逃されるべきでないのはそのためである。

【注】

(1)　ツヴァイク（一九九九Ⅰ）、三一～三二頁。
(2)　ツヴァイク（一九九九Ⅰ）、四頁。
(3)　ドラッカー（二〇〇八）、ⅲ頁。
(4)　ハイエク（一九九二）、一三三頁。
(5)　ツヴァイク（一九九九Ⅱ）、四五七頁。
(6)　ツヴァイク（一九九九Ⅱ）、四六〇頁。
(7)　ドラッカーから上田惇生氏への書簡（一九九七年八月二〇日）。

（8）　Drucker (2003), p. 87.
（9）　『週刊東洋経済』二〇〇一年七月二八日号。

【参考文献】

P. F. Drucker (2003), *A Functioning Society*, Transaction Publishers.
シュテファン・ツヴァイク／原田義人訳（一九九九）『昨日の世界Ⅰ・Ⅱ』みすず書房。

P・F・ドラッカー／上田惇生訳（二〇〇八）『産業人の未来』ダイヤモンド社。

F・A・ハイエク／西山千明訳（一九九二）『隷従への道』春秋社。

「入門ピーター・ドラッカー」『週刊東洋経済』二〇〇一年七月二八日号。

第2章　ポストモダンの哲学

上田惇生

ドラッカーの守備範囲

デカルトのモダン（近代合理主義）から、全体を全体として捉えるポストモダンへの移行を説くドラッカーに、注目すべき時代が来た。まさに二〇世紀に身を置きながら二一世紀を支配する思想家がドラッカーだからである。

守備範囲の広さがドラッカーの特徴である。マネジメントの師の師であるだけではない。日本が経済大国になると最初にいったのも、高齢化社会がやってくるといったのも、ソ連が崩壊するといったのも彼だった。

そのカバーする領域は、社会、政治、行政、経済、統計、経営、国際関係、アメリカ、ヨーロッパ、日本、宗教、歴史、哲学、倫理、文学、美術、教育、自己実現に及ぶ。

こう書き上げてみると抜けているものを探すのに苦労する。何しろ二、三年に一つずつ徹底的に勉強するという習慣を七〇年も続けている。それだけで二〇学問から三〇学問、二〇体系から三〇体系に達する。そしてそれら異分野のものが、出会い、衝突し、合体し、融合し、爆発しているのが、ドラッカーの頭の中なのであろう。

しかし、ここで注意しなければならないことがある。二、三年に一つの領域という方式は、ドラッカーの場合、意図して分野を増やすためのものではなかったということである。分野が増えるのは、いわば本能であり必然だった。逆にこの方式は、それぞれの分野での深さを増すためのものだった。むしろそれぞれの二、三年は、他の分野に時間をとられることを自制するための、集中の原則によるものだったと考えるべきである。

ドラッカーは、具体的には、相談に乗るコンサルタント、大学で教えるティーチャー、世界の動きを広く知らせるライター兼スピーカーである。一言でいえば社会生態学者、ゲーテの『ファウスト』に出てくる物見の役リュンケウスである。ドラッカーは、自分自身について、既成の学問体系による〇〇学者という自己規定はしない。いかなる分野をも、中心に位置付けることを嫌う。あらゆる分野が有機的に絡み合い、あらゆる分野があらゆる分野にかかわりを持っているからである。そしてあらゆるものが無数の側面を持っているからである。

取材を受けたドラッカーが、「ところでお仕事は何ですか」と記者から聞かれた。「今五八歳なんですが、何になりたいかまだわからないんですよ」がその答えだったという。

ドラッカーの問題意識と方法論は一貫している。もちろん重点は移行していく。たとえば人口問題については、高齢化よりも少子化に強い危機感を持つようになった。方法論については、論理よりも全体を全体として把握する能力、つまり知覚の重要性を強調するようになった。

人、社会、マネジメントはすべてつながっている

一見するとドラッカーには二つの世界がある。経営学者トム・ピータースがいうように、マネジメント手法の

八割を生んだマネジメントの父である。とともに、経済学者ケネス・ボールディングがいうように、現代社会最高の哲人である。マーガレット・サッチャーは、ドラッカーの言にしたがって世界の民営化ブームに火をつけ、リチャード・ニクソンは、政府にできることには限界があるとのドラッカーの言を否定して失敗した。

このドラッカーの二つの世界は絡み合っている。というより一体である。二つの世界があるように見えても問題意識はつながっている。彼は、社会的な存在としての人の幸せに関心をもつ。だから社会とその発展に関心をもつ。彼は継続と変革の双方を求める。継続がなければ社会ではなくなり、変革がなければ社会は発展しない。その問題意識は、いかにして継続のメカニズムに変革のメカニズムを組み込むかである。

関心は文明にあり

一言で言えば関心は文明にある。

出来過ぎた話に聞こえるかもしれないが、子供のころの最も古い記憶が、四五〇年間中欧を支配したハプスブルグ家の最後の王国オーストリア＝ハンガリー帝国の貿易省高官だった父親アドルフ・ドラッカーと、母親の妹のつれあいであるウィーン大学の少壮の法哲学者ハンス・ケルゼン、第一次世界大戦に敗れた同国から分離独立した後のチェコスロバキアの初代大統領となったトーマシュ・マサリクとの会話、下の応接間から管を伝わってきた「これは帝国の終わりという以上に、文明の終わりだね」との言葉だった。

第一次世界大戦が始まったのが一九一四年、ドラッカー四歳のときだった。社会の機能のほとんどが、異なる専門知識を持つ複数の人の協業によって果たされるようになった今日の組織社会、しかも働く者のほとんどが、組織において、あるいは少なくとも組織を通じて働くという意味での組織社会では、人の幸せは、それらの組織がいかに継続と変革の担い手となるか、いかにマネジメントされるかにかかっている。

あらゆる財とサービスが組織によって作られ、あらゆる働く人たちが組織で働いている。こうして人、社会、文明、組織、マネジメントはつながっている。

社会生態学とは何か

ドラッカーとは社会生態学者である。科学が事物を連鎖で捉え要素に分解するのと対照的に、生態学は生命体を見るように全体から事物を把握する。本来生態学とは見ることを指す。

それは、見て、伝えるための体系である。自然生態学者は、南米のジャングルへ行き、この木はこう生えるべきとはいわない。社会生態学者も、社会についてこうあるべきとは言わない。あくまでも見ることが基本である。

ただしそれだけではない。生態学者は変化を見る。その変化が物事の意味を変える本当の変化かを見極める。その変化を機会に変える道を見つける。社会生態学という言葉も、知識社会、知識労働と同じように、彼の造語である。今では英語日本語ともにすっかり定着してしまった。日本では、戦後の企業経営に与えた影響があまりに大きいため、経営学者としてのドラッカーが有名である。だが、彼の本質はこの社会生態学者たるところにある。社会生態学者だからこそ、生きた存在としての組織、社会的機能としてのマネジメントが見える。経済もよく見える。

自ら経済学者ではないと断言する彼の経済論文が、経済学者に最もよく読まれる。アメリカでケインズの死の直後の一九四六年に発表したケインズ論が、学界でケインズ学派が主流となるまでの長い間経済学の教科書に載っていた。

見ることがあらゆることの基本

社会生態学は、分析と論理ではなく、知覚と観察を旨とする。社会生態学と社会学との違いはここにある。社会生態学は分析や論理にとらわれない。分析や論理が完全なことはありえない。ドラッカーはこういう。理論は体系化する。創造することはほとんどない。体系化とは整理分類のことである。

しかも社会は大きく変わっていく。社会科学のパラダイムは変化してやまない。加速度的に変化していく。社会生態学はその変化を見る。変化が本質を現す。社会生態学は総体としての形態を扱う。全体を見る。全体は、部分の集合よりも大きくはないかもしれない。しかし部分の集合ではない。それは命あるものである。

「このポストモダンの世界」

一九五七年、ドラッカーは、『ランドマークス・オブ・トゥモロウ』（邦題『変貌する産業社会』）の序文「このポストモダンの世界」（『テクノロジストの条件――ものづくりが文明をつくる』のプロローグに収載）において、「一七世紀の半ば以降三五〇年にわたって、西洋はモダンと呼ばれる時代を生きてきた。一九世紀には、その西洋のモダンが、全世界の哲学、政治、社会、科学、経済の規範となり、秩序となった。だが今日、モダンはもはや現実ではない。さりとて、モダンの後の現実であるポストモダンも、いまだ定かな世界観となるにはいたっていない」といった。

本書のテーマは、あえて言うならば、このモダンの世界観からポストモダンの世界観への移行である。ドラッカーは、「モダンの世界観とは、一七世紀前半のフランスの哲学者デカルトのものだった。この間、心底デカルトを信奉した哲学者はあまりいなかった。しかし、モダンと呼ばれた時代の世界観はデカルトのものだった」という。そのモダンが終わった。

第3章　二人の社会分析家
――オースティンとドラッカー

三浦一郎

ジェイン・オースティンのイメージ

ドラッカーについてのあるイメージがある。ジェイン・オースティンを読むドラッカーのイメージである。ドラッカーが亡くなって一年ほどもたった頃、ドラッカーが亡くなる直前までジェイン・オースティンを読んでいたと聞いたことがある。以来このイメージが気になっている。

ジェイン・オースティンは最近でも非常に人気のある小説家であるし、その作品は何度も映画化されている。小説は読まなくても映画によってジェイン・オースティンに親しんだ人は多い。小説の愛好家であり、同時に『最後の四重奏』『善への誘惑』という二つの小説の作者でもあるドラッカーが、ジェイン・オースティンを読んでいても何の不思議もないと思われるかもしれない。そしてドラッカーの小説には、そのユーモアと緻密な心理分析によってジェイン・オースティンをしのばせるものがあることからしても、ドラッカーのジェイン・オースティンに対する傾倒がわかる。

しかしドラッカーにとって、ジェイン・オースティンは単に好みの小説家であるというにとどまらず、特別の意味を持っていた作家である。ドラッカーが初期の作品『産業人の未来』の中でジェイン・オースティンに次のように言及したことはよく知られている。

「イギリス社会の理念と理想、規範と生活、個人的、社会的野心のあり方は、イギリス最高の社会分析家たるジェイン・オースティンが一八〇〇年当時の世代について書いて以来ほとんど変わっていない。(1)」

「イギリス最高の社会分析家」という評価は普通ではない。ドラッカーは、若いころから亡くなる間際まで一生を通じてジェイン・オースティンを読んでいたことになる。それにしても、ドラッカーはなぜジェイン・オースティンをそのように愛好したのだろうか、そしてジェイン・オースティンに何を読んでいたのだろうか。ジェイン・オースティンは、主人公の女性の恋愛と結婚を、ジェントリーに属するかジェントリーに関係する二、三の家族を舞台に、ユーモアあふれる筆致で描いた作家である。そのような作家が、なぜ「イギリス最高の社会分析家」なのだろうか。

ジェイン・オースティンの世界をめぐって――『自負と偏見』を中心に

ジェイン・オースティンは一七七五年に生まれて一八一七年に死んだイギリスの小説家である。代表作には『分別と多感』『自負と偏見』『マンスフィールド・パーク』『エマ』『ノーサンガー・アベイ』『説き伏せられて』という六篇の小説がある。その中でも代表作とされるのが『自負と偏見』である。この作品の刊行は一八一三年であるが、原型は一七九七年に出来上がっている。二〇歳を過ぎたばかりの若い女性が書いたのかと思うと感慨を覚える。この作品によりジェイン・オースティンの世界をのぞいておきたい。

わが国ではすでに明治期に、夏目漱石が『文学論』の中で「Jane Austen は写実の泰斗なり。平凡にして活躍せる文字を草して技神に入るの点において、優に髭眉の大家を凌ぐ。余云う。Austen を賞玩する能わざるものは写実の妙味を解し能わざるものなりと」と絶賛している。そして『自負と偏見』の冒頭部分を原文で二ページに渡り引用したうえで、オースティンの表現の特徴を次のように述べている。

「Austen の描く所は単に平凡なる夫婦の無意義なる会話にあらず。興味なき活社会の断片を眼前に髣髴せしむるを以て能事を終るものにあらず。この一節のうちに夫婦の性格の躍然として飛動せるは文字を解するものの否定する能わざる所なるべし。夫の鷹揚にして、婦の小心なる。夫の無頓着にして婦の神経質なる。夫の和諧の範を超えずして、しかも揶揄の戯を禁じ得ざる、婦の児女の将来を思うて咫尺の謀に余念なき悉く筆端に個々の生命を託するに似たり。夫婦の寿はもとより知りがたく、遭逢の変また計りがたきはいうを待たずといえども、この一節によりて彼らの平生を想見するは容易なり。即ちこの一節は夫婦の全生涯を一幅のうちに縮写し得たるの点において最も意味深きものなり。ただに縮写なるが故に意味深きのみならず。吾人一度び彼等性格の常態を比縮写によって把住するとき、かねてその変態をも予知し得べきが故なり。有為と云い、転変となづくる浮世にあって、運命の翻弄一定の度を超過するとき、彼等もまた特殊の境界に入りて特殊の活劇を演ずるやも計りがたしといえども、この活劇は既にこの一節において表出せられたる彼等性格の常態中に含有せらるるにあらずや。(2)」

ここでは漱石の引用箇所ではなく、すぐ続くところで主要登場人物ベネット夫妻について記しているところをあげておく。ジェイン・オースティンの人間観察の特徴が現われているからである。

「ミスタ・ベネットという人物は、抜け目のない機敏さと、ちょっぴり皮肉と、用心深さと、そして気まぐれとが、不思議に入り混じった男だった。おかげで夫婦生活二三年の経験をもってしてさえ、いったいどんな人間なのか、奥様にもよくわからないのだった。一方奥様のほうはというと、これはずっと簡単だった。頭が悪くて、物知らずで、しかもひどいお天気屋だった。

気に入らないことがあると、一人勝手に気に病んでいる。何しろ一生の目的というのが、娘たちをかたづけることであり、楽しみといえば、人を訪ねて世間話に時を消すことだった。(3)」

『自負と偏見』のストーリー

『自負と偏見』のあらすじを、ベネット家の姉妹の恋愛と結婚に限定して、簡単に紹介する。二〇〇〇ポンドの年収のあるベネット家には五人姉妹がいる。主人公エリザベスは五人姉妹の二番目である。美人でおとなしい長女ジェイン、不美人の三女、美人だが軽薄な五女リディアがいる。限嗣相続により、父親の死後は土地・家が親戚の男性の手に渡ってしまい、自分と娘たちにはほとんど財産が残らないので、母親は、娘たちに早くよい条件の結婚をさせたくて仕方がなく気をもんでいる。

そこに近所に越してきた四〇〇〇ポンドの年収のある金持ちの青年チャールズ・ビングリーが登場する。長女のジェインはビングリーに見初められる。ビングリーにはダーシーという一万ポンドの年収がある大地主の友人がいるが、ダーシーは愛想が悪く他を見下すような態度である。

エリザベスは、舞踏会でダーシーが自分の悪口を言うのを聞き、彼に悪印象を持つことになる。そこへエリザベスの前にウィッカムという好青年が現れる。ウィッカムは以前ダーシーによりひどい目にあわされたと話し、エリザベスはその話を信じ込む。そして、ビングリーはジェインに気持ちを打ち明ける前にロンドンに行ってしまい、ジェインは落ち込んでしまう。

一方、エリザベスに惹かれたダーシーは求婚するが、はっきりと断られてしまう。ダーシーはエリザベスに自分に対する誤解があることを知り、手紙を書いて自己弁明する。それにより、エリザベスはウィッカムの話が嘘だったことを知る。その後エリザベスとダーシーは再会して、互いの偏見はなくなり、親しくなりかける。

しかしそのとき、末娘のリディアがウィッカムと駆け落ちしたという知らせが届く。ダーシーはエリザベスに内緒で、ウィッカムの借金を片付け必要な資金を用立てて、リディアと結婚させる。結局エリザベスとダーシーの間のすべての誤解が解けて彼らは結婚し、ジェインもビングリーと結婚する。

要するに『自負と偏見』は女性の恋愛と結婚をめぐる喜劇である。私もドラッカーの愛読書ということなので読むことにした。中野好夫訳の文庫本はずいぶん以前から手元にあったが、五〇〇ページ以上もあり長すぎると思ったし、恋愛と結婚の物語を読むということに対して興味も感じなかったので、それまで読んだことはなかった。たいして期待もせず読み始めたが、気がつくとすっかり『自負と偏見』の世界の虜になっていた。中野が訳書の解説の中でサマセット・モームの言葉を引いていた。

「どの作品にもこれといったたいした事件は起こらない。それでいて、あるページを読み終えると、さて次に何が起こるだろうかと、急いでページをくらずにはいられない。ところが、ページをくってみても、やはり何もたいしたことは起こらない。だが、それでいて、またもやページをくらずにはいられないのだ。これだけのことを読者にさせる力を持っているものは、小説家として持ちうる最も貴重な才能の持ち主である。」[4]

この言葉を実感する楽しい読書だった。とくに殺人が起きるわけではないが、非常に面白い上質のミステリーを読んだときの感覚に似ていた。小説としての面白さからして、ドラッカーが愛読していたのも理解できると思った。

恋愛と結婚、そして地位と財産

ジェイン・オースティンの小説のドラマと喜劇は、細かい社会的差異に対する鋭い認識に依存しているといわれている。オースティンが姪アナに語ったという有名な言葉がある。「ある田舎の村の三か四の家族こそがまさに取り組むべき問題である」。これらの家族の間にある微妙な社会的差異を理解することが、オースティンの小説の理解にとって決定的に重要である。オースティン自身は彼女の生み出したキャラクターの内のいくつかが明らかに示している地位の差に対する強迫観念的なこだわりを必ずしも是認しているわけではない。むしろ、豊かであるとは到底いえないにもかかわらず、もっとずっと豊かな家族とのつながりを持つ田舎の聖職者の娘として、オースティンは地位と所得の差が人々の生活、特に女性の生活に対して与える影響について、抜け目なく現実的に見ることができた。

オースティンが書くのは、ある特殊な社会集団のことである。すなわちナポレオン戦争時代の田舎のエリートである。しかしこの田舎のエリートたちについては注意深く定義する必要がある。

オースティンは、立派な爵位を持った家族からなる貴族社会をほとんど取りあげないし、それに共鳴することもない。オースティンはまた、土地所有によって所得と地位を保つ伝統的な田舎のジェントリーについて書いたとよく言われるが、オースティンの興味の的は実際にはそこにはない。オースティンの関心は、プロパーのジェントリーの端にいる、もっと不安定な生活だが、彼らのコネクション、教育、あるいはコミュニティにおける役割によって「近隣の最良の社会と親しく付き合う」権利を与えられた、オースティンの父の教区牧師のようなタイプの人々である。

ジェイン・オースティンはこのような登場人物たちを描くことによって、「イギリス社会の理念と理想、規範と生活、個人的、社会的野心のあり方」を表現したのである。

ドラッカーの結婚と母たち

ジェイン・オースティンの世界が女性の恋愛と結婚をテーマとするものであった以上、次はドラッカーとドリスの恋愛と結婚が話題となる。そしてここではジェイン・オースティンの小説と同様に母たちが活躍する。

なおドラッカーは家族についてほとんど語らないし、語るとしてもきわめて韜晦的な語りになるので、主としてドリス夫人の著書が資料である。その野中ともよ訳『あなたにめぐり逢うまで』には、巻末にドラッカーの文章が収録されており、私的生活をほとんど語ることのないドラッカーの回顧として貴重である。

ドラッカーの『傍観者の時代』には家族についての若干の言及がある。父方については、先祖がオランダで聖書の印刷を業としていたことがふれられているくらいである。母方については、イギリス系銀行の経営者であった祖父と、ドラッカーのヒーローとも言うべき祖母が登場する。祖父が亡くなった後、母がシュワルツワルト夫人の設立した予備校から大学へ進む興味深い記述がある。母はウィーン大学で医学を学び、その際フロイトの精神分析の講義を聞いたというエピソードは有名である。若い時代の母が活発な女性であったことは、山登りのグループのエピソードを見てもイメージすることが可能である。

母は大学を卒業し医師の資格は取得したものの、医師の仕事には就かなかったようである。そして官僚のかたわら大学進学予備校の教師でもあった父と結婚し、主婦となってドラッカーをはじめ二人の男の子の母となった。その生活がヒトラーによるオーストリア合併まで続く。そしてドラッカーの両親はアメリカにわたるが、アメリカにおける母については特にさしたる記述はない。父と異なり、母はアメリカにあまりうまく適応できなかったようである。

結婚までの母のイメージと異なり、結婚後の母については、ドラッカーによる精彩ある記述は行われていない。後にドラッカーの結婚をめぐって一瞬登場するだけである。他方、ドリス夫人の母については、ドリス夫人の著書によって鮮やかにイメージが伝えられている。ドイツで小売業を営む中産階級の家族の下に生まれたドリスの母は、ドリスの父フリッツ・シュミッツと結婚し主婦となり、ドリスたち三人の子供を得る。ドリス夫人の著書の中で父が登場する場面はきわめて限られたものである。主に、母と娘ドリスの関係、特に母による娘に対する圧迫とも言うべき内容が、多少喜劇的な筆致で記述されている。そこには、ドリス夫人の母の夢が、ドリスの結婚問題に対する干渉という形で表されている。

反対する母たち

ドラッカーとドリスの結婚に対してはドラッカーの母もドリスの母も反対である。一九三三年にドラッカーとドリスがロンドンのピカデリーサーカスでフランクフルト大学時代以来の再会を果たしたエピソードは、ドラッカーの著書にも、ドリスの著書にも登場する。そして二人の交際が始まるが、この交際をやめさせようとするドラッカーの母の行動についてはドリス夫人の著書に興味ある記述がある。

「ミセス・ドラッカーにとって、ドイツ人が未来の義理の娘になるのは、ミセス・シュミッツにとってオーストリア人が未来の義理の息子になるのと同じように、承服しがたい由々しき事態だった。アメリカでいえば、北部人と南部人が結婚するようなものであり、もっと我慢ならないのは、そのドイツ娘が金持ちでないことだった。私の母が娘をロスチャイルド家に嫁がせると決めているのとちょうど同じように、ピーターのおかあさんも、息子にはイギリスの大富豪『サスーン』一族から嫁をもらうことに決めていた。いずれも母親たちの夢に過ぎなかったが、……。(5)」

お互いドイツ人とオーストリア人を嫌いながら、ミセス・ドラッカーがサスーン家から嫁をもらうことをイメージし、ミセス・シュミッツがロスチャイルド家に嫁入りさせることをイメージするところが、まったく同様の発想と行動であり、興味深い。

ドリス夫人の母は、なぜドリスがロスチャイルド家の嫁になることを期待していたのか。その理由をドリス夫人は「母はお金とコネさえあればなんでも自由に手に入ると信じていた——富、名声、試験に受かること、富くじにあたること、競争相手を負かすこと、そしてしかるべきところにしかるべき友人を得ることも。お金とコネさえあれば、不愉快なこと——軍役とか訴訟とかも回避できた」からであると理解している。自分の結婚によってかなえることのできなかった社会的地位に対するニーズを、娘の結婚によって満たすことができるのではないかと期待していたらしい。そしてドリス夫人の著書のタイトルにもなっている次のような言葉を発している。

「ラジウムを発明しなさい。さもなければ、髪の毛を引っこ抜くからね。本当にのろまなんだから！　あなたは意気地なしなのよ、お父さんみたいにね。あなたたちには世の中の仕組みがわかっていないの。私にはわかっているわ。ロスチャイルド家のコネがあれば、発明できるものについて、なんでも情報が耳に入ってくるし、いくらでもあなたに資金を出してもらえるし(6)。」

女性と専門職業

一九三〇年ごろ女の子が大学に行くということにどんな意味があったのか。将来の専門的職業人を目指して大学に行ったのではなかった、あるいは将来職業婦人にするために母たちは娘を大学に行かせたのではなかった、とドリス夫人は言う。ドイツの中産階級の感覚からいえば、既婚女性が職業を持つことなど、とんでもないことであったからである。

それならば、何のために大学に行ったのか。ドリス夫人は次のように述べている。

「高等学校の卒業証書を得た若者は、大学へ進むものと思われていた。女の子の場合は、表向きの目標は教育の継続であったが、真剣に将来の専門職を目指すものではなかった。実質的に、女の子の誰もが、いずれ三、四年のうちに結婚するのだ。とはいっても、女性解放の兆しが見えていたので、娘たちを大学で勉強させることを人はなんとなく認め始めていた。おまけに、娘たちは大学で夫を見つけることもあった。ことによると、娘の父親の事業か専門職を助け、将来、跡をついでくれるような有望な男性を。私の場合、父の小売業は、誰かに引き継がせるほどのものではなかったが。

しかしながら、自分の息子のいない医師とか薬剤師の場合は、父親の商売を引き継ぐ可能性のある候補者と娘が結婚することは、至って重要であった。娘自身を父親の助手、または後継者と考える人は一人もいなかった。そんな考えは、娘が『行かず後家』になるという恐ろしい可能性をはらんでいた。

一九三〇年代までは、激しい反対に抵抗しつつ、医師、弁護士、あるいは科学者となったごく少数の女性は全員未婚だった。中には例外もあったかもしれないが、少なくとも私はそういう例を知らない。[7]」

しかし既婚女性が職業を持つことについてのドラッカーの立場は、まったく異なっている。

結婚の遅れた理由――プロの職業婦人としてのドリス

ドラッカーは「当時でもはっきりしていたのは、ドリスが完全にプロの職業婦人だということだった」という判断のもとに行動している。ドラッカーは結婚を決意してから三年も結婚までに時間のかかった理由を、大不況下のイギリスの労働環境と二人の就いていた仕事から説明している。

「当時、ドリスも私もとてもいい仕事に就いていて、特に、まだ二人とも二〇代前半であったことを考えると非常に恵まれていた。ドリスはマークス＆スペンサーという会社の消費者調査部門の責任者だった。……消費者調査は数年前に出来たばかりの専門分野で、ドリスはヨーロッパにおける数少ない初期の研究者だった。私のほうは、六、七年前の一九二〇年代半ばに設立された研究分野である、ヨーロッパの投資業務と証券分析のパイオニアの一人だった。そして、小さいながらも非常に高い収益を上げて急成長中の投資銀行において、すでに上級の管理職にあった。

しかし、当時私たちが働いていたイギリスには、正式な法律ではないが、広く慣例として守られていた決まりがあった。働いていた女性は結婚したとたんに職を失うのである。大恐慌の時代だったから、イギリスの失業率は一二％から一五％もあり、既婚女性が仕事を続けると男性から職を奪うことになると信じられていた。

……そういうわけで、私たちがイギリスに住んでいる間に結婚することは、ドリスが仕事を失うことを意味していた。

しかし、当時でもはっきりしていたのは――少なくとも私にはわかっていた――ドリスが完全にプロの職業婦人だということだった(8)。」

すでにふれた「既婚女性が職業を持つことなどとんでもない」という感覚は、一九三〇年ごろのドリス夫人の実感であったと思われる。それに対して、ドラッカーは歴史家としての視点から、第一次大戦後のヨーロッパの女性と専門職業の状況と、それに対する大不況の影響を、次のように述べている。

「第一次大戦後のヨーロッパでは、仕事を持つ女性はかなり普通になってきていた。私が生まれ育ったオーストリアの首都ウィーンには、一九二〇年代すでに女性の医師、心理学者、薬剤師、歴史学者、建築家、物理学者などがたくさんいた。ドリスが育ったドイツでも多く見られるようになってきていた。その中には既婚女性も大勢いた。イギリスはやや遅れていたが、状況はそれほど違っていたわけではない。だから、すでにかなりの大企業で責任ある仕事をしていたドリスも、伝統的基準から行くと少し若かったこと以外は、それほど特異な存在ではなかった。とはいえ、約一〇〇年前に産業革命が始まって以来、経験したこともないほどの規模で失業をもたらした大恐慌の政治的・社会的圧力は大きかった。だから、ドリスのキャリアを守るために結婚延期もやむをえない選択だったのである。

私にもドリスにも、私たちの結婚が末永く幸せであるためには、ドリスが職業人として成長し、発展し続けていくことができること、それが不可欠であることははっきりわかっていた。こうして結婚を伸ばしていた私たちであったが、一九三六年になってやっと――石炭庫での一夜から三年がたっていた――イギリスを離れ、アメリカへ移り住む決断をした。アメリカにはこんなばかげた決まりはなかったから、ドリスは結婚し母となり、その上キャリアを重ねていくことができる。(9)」

アメリカへの移住

ドラッカーとドリスは結婚しようと決めたのと同時にアメリカ移住を話し合い始めるが、二人ともよい仕事に就いているイギリスでの仕事を辞めて、イギリスよりも高い失業率と不況のアメリカに渡る決断がなかなかできない。移住する必要があることの理由は、ドラッカーの言うように、結婚と仕事をめぐる問題であっただろう。しかし移住の決断の契機はそれだけではない。その間の事情を、ドリス夫人が語っている。

「普通に行けば、私たちは婚約し、結婚式の日を決めただろう――両親が賛成するかどうかに関係なく。

しかし私たちはさらに四年間結婚できなかった。あの大不況の時代、イギリスの女性は結婚したとき自動的に解雇された、彼女が雇用されていない男のために場所を空けることになると信じられていたので。ピーターも私もよい魅力的な仕事を持っていた。私は急成長中のイノベーティブな小売チェーンであるマークス&スペンサーで市場調査を担当していたし、ピーターは投資銀行のエコノミストだった。しかし当時のイギリスの賃金は低かったので私たちがピーターのサラリーだけで生活するのはたいへん難しかっただろう。

私たちは若かったし、私たちの未来、私たちの結婚、そして私たちの子供のことを夢見た――それは不可能な目標だとはわかっているが、ヒトラーは私たちの知る世界の破壊という犠牲を払って彼の千年王国の建設を堅く決意していた。そして私たちは、イギリスがヒトラーに対する宥和策を進めていることに、ますます重苦しさを感じていた。一九三六年秋に私たちは結婚しアメリカに向かうことを決めた[10]。」

このように、当時のヒトラーに対するイギリスの宥和政策がドラッカーたちに与えた影響を見過ごすことはできない。

結婚生活の回顧

一九三七年に結婚し、アメリカに移住してから、ドリスは一九四二年までニューヨークで消費者調査の仕事を行う。そしてドラッカーがベニントン大学の教授になったころから相次ぐ出産・子育てとともに、学生・大学院生として大学で数学と物理学を学び、後に物理学の修士学位をとる。その後自宅で科学分野の編集者の仕事を行うが、後に特許手続きを扱う弁理士となって活躍する。一九七〇年ドラッカーがカリフォルニアに移ったのち、ドリス夫人は発明家となり、起業してその会社のＣＥＯとなり活躍する。ドリス夫人は家庭生活と仕事と両方に忙しく活躍することになった。

ドラッカーは結婚生活を回顧して次のように述べている。

「ドリスが私の仕事にどんな影響を与えたかとよく尋ねられる。直接的には何もない、と私は答える（妻の仕事に私が直接の影響は何も与えていないのと同じだ）。私たちは才能も専門的な興味もまったく異なっているが、妻はずっと私にとってのお手本として、計り知れないほど重要な存在だった。

現在でもそれに変わりはない。プロとしての仕事振りや自己鍛錬の手本であるだけではない。妻は私が老け込んで自分の殻に閉じこもるのを防いでくれる。私が新しいことに挑戦し、興味や知識の範囲を広げるよう励ましてくれる。わけても活動的であり続ける元気を与えてくれる。」

そして、「幸せな結婚の秘訣は？」という問いに次のように答えている。

「『幸せな結婚』は、普通、夫婦が一緒に働くことで成り立つと考えられている。一緒に働いている幸せな夫婦はいくらもいる。私が知っている最も良い例は、江戸時代の偉大な画家池大雅と妻でこれも画家の池玉瀾だ。

しかし、ドリスと私は一緒に仕事はしない。結婚してまだ何年もたたないころ、妻は実際に私の最初の二、三冊の本の批評と編集をしてくれた。妻は有能な編集者だった。……しかし、私たちは、じきに私の書いたものについて一緒に仕事をするのはやめにした。揉め事の原因になることがあまりにも多かったからだ。これは賢明な選択だった。……私が妻の仕事に参加するチャンスは一度もなかった。私には科学のことはさっぱりわからないからだ。だが、二人とも相手の職業と業績を非常に尊敬していることが、幸せな結婚を長続きさせるのに役立ったと思う。私たちは互いに相手と四人の子供たちを誇りにしている。[11]」

さらにドリス夫人とドラッカーの父との関係、ドラッカーとドリス夫人の母との関係にふれておく。ドリスは結婚してから初めてドラッカーの父に会った。そして二人はたちまち親しい友達になり、三〇年後、父が九一歳で亡くなるまで、ドリスはずっとドラッカーの父の一番の親友だった。一方ドリス夫人の母との関係は次のようになった。

「私（ドリス）は母とは亡くなるまで親密に付き合った。母は彼女が住むロンドンからよく私たちと彼女の孫たちを訪ねてきた。母は、『見下げ果てたオーストリア人』ピーターがどんどんお気に入りになったし、今度はピーターが母の恐れを知らないところや辛辣な機知をほめるようになった。私は子供から未成年の時代をつうじてあんなにも私を脅かした母に対する恐怖を克服したわけではない。しかしロンドンのバーンズ家でのあの恐ろしい晩のあと、母は決して再び私を支配し統制しようとはしなくなったのだった。[12]」

「知識労働と男女の役割分担」について

ドラッカーの作った家族は、共働きの夫婦であり、核家族であった。これは、ドラッカーとドリス夫人が生まれ育ってきた環境とはまったく異なっている。ドラッカーが「社会転換の世紀」の中で述べている家事使用人（この存在が中流家庭の定義そのものであった）の消滅は、基本的にドラッカーの「家」においても同様に起きていたことに違いない。

ドラッカーは一九九四年の論文「知識労働と男女の役割分担」のなかで、二〇世紀において知識労働の役割が飛躍的に拡大したことによって、人類の歴史上延々と続いてきた男女の役割分担が変化してきたことを指摘している。

「今日の知識労働では男性と女性が同じ世界で同じ仕事をし、並んで働き、ともに競い合うようになっている。」

人類の歴史上、肉体労働の場合、農夫の妻、職人の妻に見られるように、女性はつねに男性と同様に働いてきた。しかし、少しでも技能と地位にかかわりのある仕事は、常に男性の仕事と女性の仕事に分けられ、その役割分担は決まっていた。しかしそれが、知識労働の出現と役割の増大によって根本的に変わりつつある。

「知識は性別には関係がない。知識と知識労働のいずれに対しても、男女の両性がアクセスできる。したがって、知識労働がかなりの量に増加すると、女性はそれらの知識労働について資格を持ち、挑戦し、就業し始めた。」

この動きは加速し、

「最近の二〇年間では、男性と同じ種類の知識労働への進出は、一つの『大義』とまでなった。」

「いまや高度の知識労働になるほど、男女は同じ仕事をするようになっている。」

「今日知識労働に起こりつつある男女の役割分担の消滅は、われわれの生き方を変化させるものである。」

ドラッカー家の場合すでに見てきたように、ドリス夫人の最初からの仕事はすべて知識労働である。マークス＆スペンサーにおけるマーケット・リサーチの担当者としての仕事から、編集者、弁理士、発明家および企業経営者に至るまで。

このような状況は、労働人口全体や人間の働き方のみならず、家族のあり方に最大の影響をもたらす。「いかなる時代でも、成人女性の第一の責任は家庭を作り、子供の面倒を見ることであるとされ」「これに対し、成人男子の第一の責任は妻と子を養うことであるとされ」てきたが、このことに影響がもたらされざるをえない。これは「あらゆる歴史と伝統の逆転」である。ドラッカーは、一九世紀はじめの女性解放について次のようにシニカルに言及している。

「一九世紀初めに始まった、中流家庭の立派な主婦を理想とし、『女性の解放』とは、女性が働かなくてもよいようにすることであるとした『女性解放運動』は今日では誤りであり失敗であるとすることが、広く認められるに至っている。[13]」

ドラッカーはなぜジェイン・オースティン『自負と偏見』を愛好したのか

現在でもジェイン・オースティンの書いた社会的差異の世界がまったく消えてしまったわけではない。所得と財産の格差は存在するし、私たちが生きる生活文化にも多様性がある。しかしジェイン・オースティンが書いたように、結婚が人間の社会的地位と役割を決定してしまうような状況は大きく変わってきたのではないかと思われる。

ドラッカー夫妻が典型的に自覚的に生きたように、私たちは二つの社会を生きている（ここでは社会という言葉を、何らかの基準により形成された人間集団という意味で使用している）。家族という社会と、仕事にかかわる社会（非営利組織に対する参加もここに含める）である。ジェイン・オースティンの世界では、男系への限嗣相続制度を前提とすれば特に女性にとっての結婚が、家族と地域社会における位置と役割を決定するものとなっていた。『自負と偏見』におけるエリザベスの細かい社会的区別にとらわれない発想は魅力あるものであり、健気であるとさえ言うことができるが、エリザベスの現実は結婚によって決定されざるをえなかった。

しかしドラッカー夫妻の生き方は異なっていた。夫婦そして家族としては、和辻哲郎の言うように夫婦共同体、父母子共同体を、すなわち家族共同体を生きている。一方、仕事においては、夫と妻のそれぞれが知識労働者としてそれぞれの組織と社会を生きているのである。ドラッカーとドリスは、知識労働者としてはそれぞれ独自の世界を生きているが、ドラッカーのドリス夫人への対応を見ると、ドラッカーがドリス夫人の知識労働者としての特性を強化し発展させるべくリードしていたかのように見える。

ドリス夫人の母に対するドラッカーの賞賛は、言うまでもなくドリス夫人の母の発想の古さと狭さを評価しているわけではなく、ドリス夫人の母の人を恐れることのない辛辣な発言と機知の中にエリザベスのイメージを見ていたようにも思われる。

ジェイン・オースティンを時々書棚から出し、拾い読みすると、そのつどジェイン・オースティンの描く人間喜劇を楽しむことができる。ドラッカーは、ジェイン・オースティンを読みながら自分たちがいかに生きてきたかを振り返っていたに違いない。未来の家族と社会がどうなるかを考えながら。

【注】

(1) ドラッカー(二〇〇八a)、四二頁。
(2) 夏目漱石(一九六六)、三七〇〜三七一頁。
(3) オースティン(一九六三)上、九頁。
(4) オースティン(一九六三)下、三〇五頁。

（5）D・ドラッカー（一九九七）、二五七〜二五八頁。
（6）D・ドラッカー（一九九七）、一六五頁。
（7）D・ドラッカー（一九九七）、一七五〜一七六頁。
（8）D・ドラッカー（一九九七）、二六八〜二七〇頁。
（9）D・ドラッカー（一九九七）、二七〇〜二七一頁。
（10）Doris Drucker (2004), p. 190.
（11）D・ドラッカー（一九九七）、二七五〜二七七頁。
（12）Doris Drucker (2004), p. 190.
（13）ドラッカー（一九九五）、三一三頁。

【参考文献】


J・オースティン／中野好夫訳（一九六三）『自負と偏見』新潮文庫。

D・ドラッカー／野中ともよ訳（一九九七）『あなたにめぐり逢うまで』清流出版。

P・F・ドラッカー／風間禎三郎訳（一九八三）『最後の四重奏』ダイヤモンド社。

P・F・ドラッカー／小林薫訳（一九八八）『善への誘惑』ダイヤモンド社。

P・F・ドラッカー／上田惇生他訳（一九九五）『未来への決断』ダイヤモンド社（「社会転換の世紀」「知識労働と男女の役割分担」を収録）。

P・F・ドラッカー／牧野洋訳・解説（二〇〇五）『ドラッカー 二〇世紀を生きて――私の履歴書』日本経済新聞社。

P・F・ドラッカー／上田惇生訳（二〇〇八ａ）『産業人の未来』ダイヤモンド社。

P・F・ドラッカー／上田惇生訳（二〇〇八ｂ）『傍観者の時代』ダイヤモンド社。

夏目漱石（一九六六）『漱石全集 第九巻 文学論』岩波書店。

Doris Drucker (2004), *Invent Radium or I'll Pull Your Hair*, University of Chicago Press.

第Ⅱ部　知的世界

第4章　イノベーションの発明

坂本和一

マネジメントの発明、イノベーションの発明

ドラッカーは「マネジメントの発明者」として知られる。第二次世界大戦後迎えた組織社会で、その不可欠の要素としてマネジメントの実践が求められた。ドラッカーはその体系的な知識、知識体系をはじめて世に示し、「マネジメントの発明者」といわれるようになった。二〇〇五年一一月二八日号の『ビジネス・ウィーク』誌は、同年一一月一一日九五歳で逝去したドラッカーを追悼したカバーストーリーの表題を「マネジメントを発明した男（The Man Who Invented Management）」とした。

ところでドラッカーは、「マネジメントの発明」に引き続き、もう一つ、「イノベーションの発明者」でもあった。ドラッカーが「マネジメントの発明者」であったことについては、これまで多く語られてきた。しかし、ドラッカーがさらに「イノベーションの発明者」であったことについては、これまで論じられることがなかった。

ドラッカーはマネジメントを発明した書とされる『現代の経営』（一九五四年）以降、マネジメントにおけるイノベーションの役割について言及しなかった著書はない。彼の数多いいずれの著書においても、マネジメン

トにおけるイノベーションの役割が熱く語られてきた。しかし、この課題がはじめて「体系的」に提示されたのは、一九八五年刊行の『イノベーションと企業家精神』においてであった。

もとより、それまでにも組織社会としての産業社会におけるイノベーションの働きについては、多くの論者の言及があった。その嚆矢は、よく知られるようにシュンペーターの『経済発展の理論』（一九一二年）であろう。

しかし、シュンペーターも含めて、それまでイノベーションの実践について、理論的、経験的な知識体系が世に提示されたことはなかった。その意味で、イノベーションは「発見（discover）」されていたが、それはいまだ「発明（invent）」されていなかった。それはいまだ、実践に裨益する知識の体系として「発明」されていなかった。それは、マネジメントについていえば、『現代の経営』以前の段階であった。

イノベーションついてこの新しい段階を切り開いたのが、『イノベーションと企業家精神』であった。それは、「マネジメントの発明」において『現代の経営』が占めたと同様の位置を「イノベーションの発明」において占めるものとなった。

ドラッカーの、このもう一つの新しい「発明」はいかにしてなされたのか。またそれは、どのような社会的背景のもとで実現したのか。

「マネジメントの発明」とは何か

「イノベーションの発明」の問題に入る前に、それに先立つ「マネジメントの発明」についてその意味を確認しておくことが必要である。

その際、確認しておくべきことが二つある。第一は、「マネジメントの発明」といわれるべきことと、「マネジメントの発見」の意味の違いである。第二は、なぜ単なる「マネジメントの発見」を超えて、「マネジメントの発明」がなされなければならなかったのか、その社会的背景は何だったのかということである。

第一に、「マネジメントの発見」と「マネジメントの発明」の意味の違いについて確認しておく。

ドラッカーは「マネジメントを発明した男」といわれ、一九五四年に刊行された『現代の経営』は「マネジメントの発明」の金字塔とされる。『現代の経営』は、これまで世に問われたことがなかった「マネジメントの体系」を示すために刊行された。これが「マネジメントの発明」といわれる所以である。しかしドラッカーは、『現代の経営』にいたる思考の過程を自身でそれほど詳細に書き残しているわけではない。この点でほとんど唯一参考になるのは、同書一九八六年版に付された「はじめに」であろう。この文章は、簡潔な叙述の中に、ドラッカーが『現代の経営』を著した当時の自身の研究の背景や、「マネジメント」に関する史上初の体系書としての同書に対する自負を興味深く伝えている。

この「はじめに」で、ドラッカーは、『現代の経営』に先立つマネジメントの先駆的業績、フレデリック・W・テイラーの『科学的管理法』（一九一一年）、アンリ・ファヨールの『産業ならびに一般の管理』（一九一六年）、チェスター・I・バーナードの『経営者の役割』（一九三八年）、メアリー・パーカー・フォレットの『組織的行動――動態的管理』（一九四一年）、エルトン・メイヨーの『産業文明の人間問題』（一九四五年）をあげつつ、それらが企業のマネジメントについての理解を社会的に深める上で果たした役割を称えた。それらの中でも特に、テイラー、バーナード、フォレットの業績を高く評価した。またそれらの先駆的業績の一つに、一九四六年刊行の自身による『企業とは何か』を数えた。

しかし、それらの先駆的成果にもかかわらず、『現代の経営』は「世界で最初の経営書」であるとし、次のように述べた。

「(それは) マネジメントを全体として見た初めての本であり、マネジメントを独立した機能としてとらえ、マネジメントすることを特別の仕事として理解し、経営管理者であることを特別の責務としてとらえた最初の本である。(1)」

ドラッカーは、「それ以前のマネジメントに関する本はすべて、そして今日にいたるもそのほとんどは、マネジメントの一局面を見ているに過ぎない。しかも通常、組織、方針、人間関係、権限など、企業の内部しか見ていない」と述べ、これに対して『現代の経営』は、企業を次の三つの次元で見たという。

第一に、市場や顧客のために、経済的な成果を生み出す機関。

第二に、人を雇用し、育成し、報酬を与え、彼らを生産的な存在とするための組織、したがって統治能力と価値観を持ち、権限と責任の関係を規定する人間的、社会的組織。

第三に、社会やコミュニティに根ざすがゆえに、公益を考えるべき社会的機関。

そのうえで、「『現代の経営』は、……今日われわれがマネジメントの体系としているものを生み出した。……実はそれこそ、『現代の経営』を書いた目的であり、意図だった」と述べている。(2)

こうしてドラッカーは、『現代の経営』によってそれまで誰も果たしたことのなかった「マネジメントの体系」を世に問い、これによって、現代産業社会における経営者支配の「権力の正統性」を確立しようとした。そしてこれこそが、「マネジメントの発明」といわれるべきものであったのである。

経営者の支配に「権力の正統性」はあるのか

しかし、ドラッカーの「マネジメントの発明」はいきなり実現したものではなかった。『現代の経営』が世に問われるまでには、すでに一九三〇年代にドラッカーが来るべき産業社会と経営者支配についての洞察を確立して以来の長い道のりがあった。そしてこの道のりの根底にあったのは、産業社会における経営者支配に「権力の正統性」はあるのかという、ドラッカーのいわば根源的な問いであった。

一九三九年刊行の処女作『「経済人」の終わり』と、それに続く一九四二年刊行の『産業人の未来』段階のドラッカーは、新しく浮上する産業社会の支配者が企業経営者であることを確認しつつも、彼らの支配に「権力の正統性」があるとすることを否定していた。

しかし、一九五〇年刊行の『新しい社会と新しい経営』にいたり、ドラッカーは、経営者支配の「権力の正統性」を肯定的に評価する立場を明確に打ち出すことになった。経営者支配の「権力の正統性」を否定する立場から、これを肯定する立場への転換は、ドラッカーの理論的営みの方向に大きな影響を与えることになった。その集大成が一九五四年の『現代の経営』であり、その結果としての「マネジメントの発明」であった。

ドラッカーの転換を導いたもの

一九四二年の『産業人の未来』から一九五〇年の『新しい社会と新しい経営』への、経営者支配の「権力の正統性」についてのドラッカーの立場の転換は、何を背景にして進んだのであろうか。

よく知られているように、この二つの著作の間に、ドラッカーは米国を代表する大企業GM（ゼネラル・モーターズ）から請われて同社の内部組織調査を行う貴重な機会を得た。そして、その結果を一九四六年、『企業とは何か』として著した。結論的にいえば、このGM調査とその成果『企業とは何か』が見出したものが、経営者支配の「権力の正統性」に対するドラッカーの立場を大きく転換させることになった。

そのような企業観転換の根幹となったのは、伝統的な財産権・所有権にもとづく「株式会社」としての企業観から、企業を「事業体」「組織体」として見る企業観への転換であった。この「株式会社」としての企業観から、企業を「事業体」「組織体」として見る企業観への転換こそが、経営者支配の「権力の正統性」についての認識を転換させる背景となった。

この転換の契機は、GMの内部組織調査であった。三年間にわたるGMの内部組織調査は、ドラッカーの企業についての認識を大きく変えた。この調査を通して、ドラッカーは企業という存在を「事業を遂行するための人々の組織」として捉えた。それはまず何よりもさまざまな仕事を分担する人々と、それらの人々の活動を指揮する管理者の組織であり、さらにそのような人々の事業活動を支えるさまざまな連携関係も含めた一つの組織である。このような企業観からすれば、財産権者・所有権者（株主）もまた、「株式会社」としての企業にとっての決定的な重要さにもかかわらず、企業という組織の一つの構成員と見られる。

こうして経営者支配の「権力の正統性」を肯定するとすれば、次に必然的に必要となるのは、これを裏付ける経営者の「マネジメント機能」の実践的知識体系の確立であった。「マネジメント機能」の発揮はもはや特定の人々の資質や才能ではなく、誰でも身に付けうる普遍的なものにならなければならなかったのであり、そのためには、「マネジメント機能」の客観的な知識体系が確立される必要があった。一九五四年の『現代の経営』は、まさにそのようなものとして世に問われた。「マネジメントの発明」といわれる所以である。

「マネジメントの発明」から「イノベーションの発明」へ

このような「マネジメントの発明」の論理と歴史を念頭に置くと、これから主題とする「イノベーションの発明」についても同様の問題を明らかにすることが必要である。また換言すれば、『現代の経営』がそうであったように、これから焦点を当てるドラッカーの代表著作の一つ『イノベーションと企業家精神』もこのような視角からその意義を明らかにすることが求められる。

確認すべき点は、次の二点である。第一は、「イノベーションの発明」といわれるべきことと、「イノベーションの発見」の意味の違いである。第二は、なぜ単なる「イノベーションの発見」を超えて、「イノベーションの発明」がなされなければならなかったのか、その社会的背景は何だったのかということである。

ドラッカーは、『現代の経営』を著して、現代産業社会の基礎にある経営者支配の「権力の正統性」を証明する「マネジメント機能」の実践的知識体系の確立を図ったが、ドラッカーはこの「マネジメントの体系」の基点を、周知のように「企業の目的」を考えることから始めた。(3) そして、「企業の目的は、それぞれの企業の外にある。事実、企業は社会の機関であり、その目的は社会にある。企業の目的の定義は一つしかない。それは顧客の創造である」という有名な命題を打ち出した。

その上で、ドラッカーは、「企業の目的が顧客の創造であることから、企業には二つの基本的な機能が存在する。すなわち、マーケティングとイノベーションである」[4]として、企業家的機能の二大支柱を明確にした。

これら二つの基本的な企業家的機能について、ドラッカーはさらに次のように付言している。まず、「マーケティングは、企業に特有の機能である。財やサービスを市場で売ることが、企業を他のあらゆる人間組織から区別する」と述べる。そして「一九〇〇年以降のアメリカ経済の革命とは、主としてマーケティング革命だった」という。

しかし、「マーケティングだけでは企業は成立しない。静的な経済の中では企業は存在しえない。企業人さえ存在しない」「企業は発展する経済においてのみ存在する。少なくとも変化が当然であり望ましいものとされる経済においてのみ存在しうる。企業とは、成長、拡大、変化のための機関である」という。

したがって、「第二の企業家的機能はイノベーションである。すなわち、より優れた、より経済的な財やサービスを創造することである。企業は、単に経済的な財やサービスを提供するだけでは十分ではない。より優れたものを創造し供給しなければならない。企業にとって、より大きなものに成長することは必ずしも必要ではない。しかし、常により優れたものに成長する必要はある」と述べている。

こうして、イノベーションはマーケティングと並ぶ、企業家機能の二大支柱とされている。しかし、実際に『現代の経営』では、定常状態の中での企業者的機能、マネジメント機能の体系を示すことに基本が置かれており、「成長、拡大、変化のための機関」としての企業を創出する企業者機能、マネジメント機能については必ずしも正面に浮かんでいるわけではない。しかし、『現代の経営』は第七章「企業の目標」に「イノベーションにかかわる目標」という項目を設け、ここでイノベーションにかかわるいくつかの重要な視点を述べている。

それを項目的に整理してみると、以下のようなものとなる。

第一。「イノベーションにかかわる目標設定の最大の問題は、影響度や重要度を評価測定することの難しさにある」。したがって、「イノベーションにかかわる目標は、マーケティングにかかわる目標ほどには明確でもなければ、焦点もはっきりしない」ということである。

第二。「イノベーションには時間がかかる。今日リーダー的な地位にある企業の多くは、四半世紀以上も前の世代の活動によって今日の地位にある」「したがって、イノベーションにかかわる活動とその成果を評価するための指標が必要となる」。

第三。「イノベーションの必要性を最も強調すべきは、技術変化が劇的でない事業においてである」「技術変化が劇的でない事業ほど、組織全体が硬直化しやすい。それだけに、イノベーションに力を入れる必要がある」(5)。

しかし、このような重要な指摘にもかかわらず、ここではイノベーションの実践について体系的な知識が提示されているわけではない。

シュンペーターによる「イノベーションの発見」

イノベーションという企業家の営みが経済社会で持つ意義に最初に注意を喚起したのは、周知のように経済学者シュンペーターであった。シュンペーターは一九一二年に著した若き日の著書『経済発展の理論』の中で、次のように述べて、イノベーション（ただしこの時、シュンペーターはこれを「新結合」(neuer Kombinationen)と呼んだ）の意義を明らかにした。

「生産をするということは、われわれの利用しうるいろいろな物や力を結合することである。生産物および生産方法の変更とは、これらの物や力の結合を変更することである。旧結合から漸次に小さな歩みを通じて連続的な適応によって新結合に到達できる限りにおいて、たしかに変化または場合によっては成長が存在するであろう。しかし、これは均衡的考察方法の力の及ばない新現象でもなければ、またわれわれの意味する発展でもない。以上の場合とは違って、新結合が非連続的にのみ現れることができ、また事実そのように現れる限り、発展に特有な現象が成立するのである。[6]」

こうしてシュンペーターは、企業家による新結合が果たす経済発展に果たす現実的な役割を強調した。そして、この「新結合」、つまりわれわれがいうイノベーション（シュンペーターは「新結合」という表現を自身で「イノベーション」と言い換えたといわれる）は、周知のように五つの場合を含むとした。[7]

第一。新しい財貨、すなわち消費者の間でまだ知られていない財貨、あるいは新しい品質の財貨の生産。

第二。新しい生産方法、すなわち当該産業部門において実際上未知な生産方法の導入。

第三。新しい販路の開拓、すなわち当該国の当該産業部門が従来参加していなかった市場の開拓。

第四。原料あるいは半製品の新しい供給源の獲得。

第五。新しい組織の実現。

ドラッカーは後に、『イノベーションと企業家精神』の序章で、このシュンペーターの果たした役割に触れ、「主な近代経済学者のうち、企業家とその経済に与える影響に取り組んだのはジョセフ・シュンペーターだけである[8]」と述べている。

そしてその意味を、次のように述べている。

「もちろん経済学者は、企業家が経済発展に大きな影響を与える重要な存在であることを知っていた。しかし彼らにとって、企業家はあくまでも経済の外性変数だった。経済に重大な影響を与え、経済を左右する存在ではあっても、経済を構成する要素ではなかった。[9]」

こうして、ドラッカーもいうように、シュンペーターはイノベーションとそれを担う企業家を経済発展の重要な内性変数（外性変数ではなく）の一つとして認識した最初の経済学者であった。

しかし、シュンペーターは、あくまでも経済発展におけるイノベーションと企業家の役割を後世の私たちに認識させたにとどまり、イノベーションそのものにかかわる実践的な知識を体系的に示したわけではなかった。その意味では、シュンペーターは重要な「イノベーションの発見者」ではあったが、「イノベーションの発明者」ではなかった。

『断絶の時代』『マネジメント』におけるイノベーションへの言及

『現代の経営』以後、ドラッカーは引き続き自著、一九六四年の『創造する経営者』、一九六七年『経営者の条件』などの中で、繰り返しイノベーションの役割について論じた。また社会的にも一九六〇年代以降、企業戦略、競争戦略を説く夥しい経営書はいずれも多かれ少なかれイノベーションの役割を説かないものはなかった。そのようなものの中で、ドラッカーが特に有益なものとして挙げているのは、マイケル・ポーターの『競争の戦略』（一九八〇年）である。

そのような中で、ドラッカーは、自身の著作、一九六九年の『断絶の時代』、一九七四年の著作『マネジメント』において繰り返しイノベーションの意義を説いた。その際、ドラッカーの認識の背景にあったのは、一九世紀以来の企業活動の大きなトレンドの中での同時代（一九六〇～七〇年代）の歴史的な意味であった。

この点は『断絶の時代』の第三章「方法論としての企業家精神」で次のように要約されている。

「第一次世界大戦前の五〇年は発明の時代とされている。それは企業家の時代といってよかった。当時の発明家は自らの発明を自らの事業に発展させた。今日の大企業の基礎がこうして築かれた。」

「ところが第一次大戦後の五〇年は、マネジメントの能力のほうが、企業家としての能力よりも意味をもつようになった。」

「今日、ふたたび企業家精神を強調すべき時代に入った。……今日必要とされているものは、過去半世紀に培ったマネジメント能力の基礎の上に、企業家精神の新しい構造をつくる能力である。[10]」

『断絶の時代』では、さらに具体的に「イノベーションのための組織」をつくることの重要性に言及し、そのための次のようないくつかの留意点を述べている。

「企業家たるものは、イノベーションのための組織をつくりマネジメントしなければならない。新しいものを予測し、ヴィジョンを技術と製品プロセスに転換し、かつ新しいものを受け入れることのできる人間集団をつくり、マネジメントしなければならない。」

「イノベーションのための組織は既存の事業のための組織とは切り離しておかなければならない。」

「イノベーションのためには、トップの役割も変わらなければならない。」

「イノベーションのための組織が行ってはならないことは、目標を低く設定することである。」

「イノベーションにおいて最も重要なことは、成功すれば新事業が生まれるかどうかを考えることである。これは、既存事業において長期計画や資源配分を検討する際の問題意識とはまったく異なる。後者においてはリスクを最小にしようとし、前者においては成果を最大にしようとする。[11]」

さらに『マネジメント』では、最終章（第六一章）が「イノベーションのマネジメント」と題されている。ここではそれまでのドラッカーの言及と同様に、一般にマネジメントに関する文献でイノベーションの必要に言及していないものはないが、イノベーションを促進し、成果をあげるためのマネジメントやそのための組織がいかにあるべきか、何をなすべきかに言及したものはないと述べている。そして、ここでは、イノベーションを行う組織に見られるいくつかの共通する特徴があるとして、以下のような六つの点をあげている。

(1)　イノベーションの意味を知っている。
(2)　イノベーションの力学というものの存在に気づいている。
(3)　イノベーションの戦略を知っている。
(4)　管理的な目標や基準とは別に、イノベーションのための目標と基準を持っている。
(5)　マネジメント、特にトップマネジメントの果たす役割と姿勢が違う。
(6)　イノベーションのための活動を、日常のマネジメントのための活動から独立させて組織している。[12]

こうしてドラッカーは『現代の経営』以後、自身の著作の中で、企業だけではなく現代の組織におけるイノベーションの必要を説き、それを推進するためには独自のマネジメントと組織は必要であることに繰り返し言及した。

しかし、それらはいずれもイノベーションの実践についての体系的な指針となるものにはいたっていなかった。その意味では、それはまだ、ドラッカー自身においてイノベーションの重要性の確認、「イノベーションの発見」にとどまった。

『イノベーションと企業家精神』による「イノベーションの発明」

『断絶の時代』『マネジメント』を経て、いよいよ本格的なイノベーションの体系への挑戦、「イノベーションの発明」が求められていることを、ドラッカー自身強く意識するようになっていった。『マネジメント』の最終章「イノベーションのマネジメント」を締め括る次の文言は、そのことを物語るように思われる。

「あらゆる兆しから見て、来るべき時代はイノベーションの時代、すなわち技術、社会、経済、制度が急速に変化する時代である。したがって、イノベーションを行う組織こそが、これからの時代において主役となる。」(13)

一九八五年に刊行された『イノベーションと企業家精神』は、このような「これからの時代において主役となる」イノベーションを行う組織のための実践的な指針となるべきものであり、まさに「イノベーションの発明」であった。ドラッカー自身、同書の「まえがき」で、「本書はイノベーションと企業家精神を生み出すための原理と方法を示している」「本書は、イノベーションと企業家精神の全貌を体系的に論じた最初のものである」と述べている。『現代の経営』が「マネジメントの発明」を果たしたモニュメントであったとすれば、『イノベーションと企業家精神』はさらに「イノベーションの発明」を果たした記念すべきモニュメントであった。

『イノベーションと企業家精神』の体系

それでは、ドラッカーが発明した「イノベーションの体系」はどのようなものか。
ドラッカーは「イノベーションと企業家精神」を、以下の三つの「側面」から説明している。

第一「イノベーションの方法」(第Ⅰ部)
第二「企業家精神」(第Ⅱ部)
第三「企業家戦略」(第Ⅲ部)

第一の「イノベーションの方法」の部分では、イノベーションを目的意識的に行う一つの体系的な営みであることを前提として、イノベーションの機会をどこで、いかにして見出すべきかを明らかにしている。その際、特徴をなしているのは、周知の「イノベーションのための七つの機会」というイノベーションの実践論、方法論である。「イノベーションのための七つの機会」とは、よく知られるように、以下の七つの機会である。

第一の機会「予期せぬ成功と失敗を利用する」
第二の機会「ギャップを探す」
第三の機会「ニーズを見つける」
第四の機会「産業構造の変化を知る」
第五の機会「人口構造の変化に着目する」
第六の機会「認識の変化をとらえる」

第七の機会「新しい知識を活用する」

ドラッカーは七つの機会のこの順番を重視している。ドラッカーはこれら七つの機会は「信頼性と確実性の大きい順に」並べてあると述べている。(14)

したがって、ドラッカーが特に重視したのは、第一の「予期せぬ成功と失敗を利用する」ということであった。ドラッカーは、「予期せぬ成功」を論じた第三章の冒頭で、「予期せぬ成功ほど、イノベーションの機会となるものはない。これほどリスクが小さく苦労の少ないイノベーションはない。しかるに予期せぬ成功はほとんど無視される。困ったことには存在さえ否定される」という。

さらにドラッカーは、「このように、予期せぬ成功はイノベーションのための機会であるだけではない。それはまさにイノベーションに対する要求でもある(15)」と述べている。

「企業家精神」の部分では、イノベーションの担い手となる組織に焦点を当てる。ここでは、具体的に独自性の高い三種の組織、既存の企業、公的機関、ベンチャー・ビジネスのそれぞれにおける企業家精神発揮のあり方が論じられている。

この部分で特徴をなしているのは、第一四章で論じられている「公的機関における企業家精神」である。ドラッカーは、これまで注目されることの少なかった公的機関におけるイノベーションの必要とその難しさを特に強調して、次のように述べる。

「公的機関も、企業と同じように企業家としてイノベーションを行わなければならない。むしろ企業以上に企業家的であることが必要である。」

「しかし公的機関がイノベーションを行うことは最も官僚的な企業と比べてさえはるかに難しい。既存の事業が企業の場合よりもさらに大きな障害となる。[16]」

その上でドラッカーは、公的機関がイノベーションを行ううえで必要とされる企業家精神を、次の四点にまとめている。[17]

第一に、公的機関は明確な目的を持たなければならない。

第二に、公的機関は実現可能な目標を持たなければならない。

第三に、公的機関は、いつになっても目標を達成することができなければ、目標そのものが間違っていたか、あるいは少なくとも目標の定義の仕方が間違っていた可能性があることを認めなければならない。公的機関といえども、目標は、大義だけではなく費用対効果に関わるものとしてとらえなければならない。

第四に、公的機関は、機会の追求を自らの活動に組み込んでおかなければならない。変化を脅威としてではなく機会として見なければならない。

「企業家戦略」の部分では、現実の市場において、いかにイノベーションを成功させるか、その企業家戦略に焦点が当てられている。

企業家精神を発揮するには、前項で紹介したような組織内部に関わる原理と方法が必要であるが、これと合わせて、組織の外部、市場に関わるいくつかの原理と方法が必要である。これが「企業家戦略」といわれるものである。

その上で、ドラッカーは企業家戦略として、「総力戦略」「ゲリラ戦略」「ニッチ戦略」「顧客創造戦略」という、四つの戦略をあげている。[18]

『イノベーションと企業家精神』が求められた背景――「断絶の時代」の到来

それでは、ドラッカーが『イノベーションと企業家精神』を著し、「イノベーションの発明」にいたらしめた社会的背景はどのようなものであったのか。どのような社会的背景がドラッカーをして「イノベーションの発明」にいたらせたのか。

その点で決定的な役割を果たしたのは、一九六九年、『断絶の時代』の刊行であったと思われる。

一九五四年の『現代の経営』刊行以来、ドラッカーにとってイノベーションはマーケティングと並んで、マネジメントの二大支柱の一つとして、重要な課題であった。マネジメントにおけるその重要性は十分自覚されていた。しかし『断絶の時代』にいたるまでは、イノベーションを目的意識的に追求するための、いわば道具としてのイノベーションの原理と方法に関する「イノベーションの体系」はまだ明確に提示されていなかった。イノベーションはその重要性は十分に「発見」されていたが、「発明」されてはいなかった。そのような状況の中で、「イノベーションの発明」の必要をはっきり意識させたのは、『断絶の時代』の刊行であった。前段で引用したドラッカーの言葉は、まさしくその表明であった。

ドラッカーは、『断絶の時代』で、表題どおり「断絶の時代」の到来を説き、新しい時代の到来への発想の転換の必要を訴えた。そしてこの「断絶の時代」を新たな発展の機会にすることができると確信した。

それでは、いかにして「断絶の時代」を新たな「発展の時代」とすることができるか。そこで浮上するのがイノベーションの役割である。「断絶の時代」はイノベーションの結果であると同時に、新たなイノベーションの絶好の機会を準備する。

このイノベーションをいかにして目的意識的に実現することができるか。その原理と方法はいかなるものか。いまやこのような「イノベーションの体系」の開発が、新しい「断絶の時代」に求められる。これが、ドラッカーの描いた「イノベーションの発明」の筋書きであったのではないか。そのように思われる。こうして、ドラッカーにとっては、「断絶の時代」と「イノベーション」とは一体のものであり、したがって著作『断絶の時代』と『イノベーションと企業家精神』はワンセットの作品であったように思われる。

『断絶の時代』は、発刊当時（一九六〇年代後半）、フランスの「五月革命」、東ヨーロッパでの「プラハの春」に始まる社会主義民主化運動、アメリカ合衆国の主要大学のキャンパスを席巻した学生・若者のベトナム反戦運動や公民権運動、中国での「文化大革命」、日本での「全共闘」運動や「大学紛争」など、「新左翼」的運動が地球的な拡がりを見せていたこともあり、大きな話題を呼んだ。そのような若者世代の反現状的なラジカルな運動が、まさに時代の「断絶」の象徴のように理解され、『断絶の時代』はそれと呼応するように理解される向きもあった。

ただ、ドラッカーは一貫して、「いわゆる新左翼の期待は裏切られる。技術や経済が意味を失ったり、減じたりすることはない。生産活動が重要でなくなることもない[19]」と、それらの運動の不毛を説いた。むしろドラッカーは、この時期の学生を中心とした各種の反体制運動に、かつて一九三〇年代に自分が直面したナチズムに類似した危険を感じ取っていたように思われる。ナチズムを指弾したドラッカーの事実上の処女作、一九三九年の『「経済人」の終わり』の「一九六九年版への序文」にはそのことが明確に示されている。

『断絶の時代』の説いた「断絶」

それでは、『断絶の時代』はどのような時代の「断絶」を説いたか。ドラッカーが説いたのは、以下の四つの分野での断絶であった（以下、『断絶の時代』の「まえがき」による）。

(1) 新技術、新産業が生まれる。同時に今日の重要産業や中心事業が陳腐化する。

(2) 世界経済が変わる。すでに世界経済は、グローバル経済になっている。世界は一つの市場となり、グローバルなショッピングセンターとなる。

(3) 社会と政治が変わる。それらは、いずれも多元化する。

(4) 知識の性格が変わる。すでに知識が、中心的な資本、費用、資源となった。

ドラッカーはこれらの時代の「断絶」を、(1)「企業家の時代」、(2)「グローバル化の時代」、(3)「組織社会の時代」、(4)「知識の時代」の到来と要約した。

これらの中でも、ドラッカーが「最も重要なこと」としたのは、「知識の性格の変化」であった。

ドラッカーは、「経済は、財の経済から知識の経済へと移行した」「知識の生産性が経済の生産性、競争力、経済発展の鍵となった」という[20]。したがって、社会を支える労働のあり方も大きく変わりつつある。具体的に、「経済の基礎は肉体労働から知識労働へと移行し、社会的支出の中心も財から知識へと移行した」[21]。

その結果、「これからは、学校教育の延長と継続教育の発展との調和が、教育の内容と構造に関わる中心的な課題となる」[22]という。こうして、これまで続いてきた「財の時代」から「知識の時代」が到来しつつあり、人々はこの新しい「知識の時代」に備えなければならないという。

ドラッカーは、こうして「断絶の時代」の到来を説き、新しい時代の到来への発想の転換の必要を訴えた。また、この「断絶の時代」を新たな発展の機会にすることができるし、しなければならないと確信した。そして、このような新しい「断絶の時代」に備える最大の武器がイノベーションであり、このイノベーションを志す人々誰でもがそれを目的意識的に追求できる「道具」を体系的に示そうとした。それが一九八五年の著書『イノベーションと企業家精神』であり、「イノベーションの発明」であったということができる。

【注】

(1) ドラッカー（二〇〇六）、iv頁。
(2) ドラッカー（二〇〇六）、v～vi頁。
(3) ドラッカー（二〇〇六）、四六頁。
(4) ドラッカー（二〇〇六）、四七頁。
(5) ドラッカー（二〇〇六）、九二～九五頁。
(6) シュンペーター（一九七七）、一八二頁。
(7) シュンペーター（一九七七）、一八三頁。
(8) ドラッカー（二〇〇七a）、二二頁。
(9) ドラッカー（二〇〇七a）、二一頁。
(10) ドラッカー（二〇〇七b）、二八～二九頁。
(11) ドラッカー（二〇〇七b）、四三～四七頁。
(12) ドラッカー（二〇〇七c）（下）、二七二頁。
(13) ドラッカー（二〇〇七c）（下）、二九六頁。

(14) ドラッカー（二〇〇七ａ）、一六頁。
(15) ドラッカー（二〇〇七ａ）、二六頁。
(16) ドラッカー（二〇〇七ａ）、二〇七頁。
(17) ドラッカー（二〇〇七ａ）、二一四〜二一七頁。
(18) ドラッカー（二〇〇七ａ）、二四八頁。
(19) ドラッカー（二〇〇七ｂ）、三九二頁。
(20) ドラッカー（二〇〇七ｂ）、二七二、二七三頁。
(21) ドラッカー（二〇〇七ｂ）、二九四頁。
(22) ドラッカー（二〇〇七ｂ）、三三〇頁。

【参考文献】


Ｊ・Ａ・シュンペーター／塩野谷祐一・東畑精一・中山伊知郎訳（一九七七）『経済発展の理論』（上・下）岩波文庫。

Ｐ・Ｆ・ドラッカー／上田惇生訳（二〇〇六）『現代の経営』ダイヤモンド社。

Ｐ・Ｆ・ドラッカー／上田惇生訳（二〇〇七ａ）『イノベーションと企業家精神』ダイヤモンド社。

Ｐ・Ｆ・ドラッカー／上田惇生訳（二〇〇七ｂ）『断絶の時代』ダイヤモンド社。

Ｐ・Ｆ・ドラッカー／上田惇生訳（二〇〇七ｃ）『マネジメント――課題、責任、実践』ダイヤモンド社。

Ｐ・Ｆ・ドラッカー／上田惇生訳（二〇〇八）『企業とは何か』ダイヤモンド社。

第5章　事業活動の両輪
――マーケティングとイノベーション

三浦一郎

年来の課題

ドラッカーの『イノベーションと企業家精神』が出版されてから、四半世紀がたった。私もそれ以来、折にふれて何回目を通してきたことだろうか。本書は三部構成で、①「イノベーションの源泉」、②「企業家マネジメント」、③「企業家戦略」からなる。かなりの期間、主な関心は、前半「イノベーションの源泉」のところに集中していた。一方、「企業家戦略」、その最後の第一九章「変化する価値観と顧客特性」（顧客創造戦略）は、面白いというよりも随分気になるところであった。ドラッカーのスタイルは特徴的であり、ほとんどが事例の記述である。テーマは事例によって語られており、われわれ読者の事例を読み取る力が、ドラッカーによって試されているようである。そして、それ以外の部分はわずかである。そのわずかの部分に私の気になる箇所があった。その理解は年来の課題であったということもできる。何が年来の課題であったのか。

ドラッカーのテキストをあげてみよう。第一九章の冒頭部分と、終わりに近い部分である。まず、冒頭部分から。

「これまで述べてきた企業家戦略は、いずれもイノベーションの導入の仕方が戦略だった。次に述べる戦略はイノベーションそのものである。製品なりサービスは、何も新しい必要はない。

たとえば、郵便である。郵便は齢すでに約二〇〇〇歳である。しかし、イノベーションが、この昔からのサービスを新しいものに変える。イノベーションが、効用や、価値や、経済的な特性を変えるのである。物理的にはいかなる変化も起こさなくてよい。しかし経済的にはまったく新しい価値を創造する。

それらの企業家戦略には一つの共通項がある。いずれも顧客を創造する。顧客の創造こそつねに事業が目的とするものである。さらには、あらゆる経済活動が究極の目的とするものである。(1)」

そして、この戦略としてのイノベーションには、「効用の創造」「価格の設定」「顧客の社会的・経済的現実への適応」「顧客にとって価値あるものの提供」の四つがあるとして、事例によってそれらが論じられたあと、この章の終わりに近い部分で、次のような箇所がある。

「読者の多くは『それはマーケティングの初歩に過ぎない』というかもしれない。そのとおりである。これはマーケティングの初歩以外の何ものでもない。顧客にとっての効用、顧客にとっての価格、顧客の現実、顧客にとっての価値からスタートすることは、マーケティングのすべてである。四〇年もマーケティングが説かれ、教えられ、信奉されながら、それを実行するものがあまりに少ない理由は私にも説明できない。

しかし、企業家戦略の基礎としてマーケティングを行う者だけが、市場におけるリーダーシップを、直ちにしかもほとんどリスクなしに手に入れているという事実は残る。(2)」

とりあえず、気になるのは、二点である。

一つは、引用の終わりに近い「四〇年もマーケティングが説かれ、教えられ、信奉されながら、それを実行するものがあまりに少ない」という箇所である。そしてもう一つは、この企業家戦略、顧客創造戦略は、「イノベーションそのもの」であり、それは「マーケティングの初歩」であるというところである。ドラッカーは、「イノベーションはマーケティングの初歩のことである」と言っているようだが、このことをどのように理解したらよいか。

まずドラッカーがマーケティングとイノベーションをどのように扱っているかを確認したうえで、この年来の課題に対して若干のコメントを行いたい。

マーケティングとイノベーションの区別

先のテキストで、ドラッカーは「イノベーションはマーケティングの初歩のことである」と言っているが、ドラッカーがマーケティングとイノベーションを定義し、本格的に論じた『現代の経営』の第五章「事業とは何か」では両者をはっきりと区別している。まず、マーケティングについて、その「二つの企業家的機能」では、次のように述べられる。

「企業の目的が顧客の創造であることから、企業には二つの基本的な機能が存在することになる。すなわち、マーケティングとイノベーションである。この二つの機能こそ、まさに企業家的機能を他のあらゆる人間組織から区別する。教会、軍、学校、国家のいずれも、そのようなことはしない。

財やサービスのマーケティングを通して自らの目的を達成する組織は、すべて企業である。逆に、マーケティングが欠落した組織や、それが偶発的に行われるだけの組織は企業ではないし、企業のようにマネジメントすることもできない。(3)」

そして、「経済成長の機関としての企業」では、マーケティングとイノベーションの区別が行われる。

「しかし、マーケティングだけでは企業は成立しない。静的な経済の中では、企業は存在し得ない。静的な社会における中間商人は、手数料収入を得るブローカーに過ぎない。企業は、発展する経済においてのみ存在しうる。少なくとも、変化が当然であり望ましいものとされる経済においてのみ存在しうる。企業とは、成長、拡大、変化のための機関である。

したがって、第二の企業家的機能は、イノベーションである。すなわち、より優れた、より経済的な財やサービスを創造することである。企業は、単に経済的な財やサービスを供給するだけでは十分でない。よりすぐれたものを創造し供給しなければならない。(4)」

「静的な経済」「静的な社会」「発展する経済」とは何か。ドラッカーはここではシュンペーターの『経済発展の理論』をふまえ、第二の企業家的機能、イノベーションを導入している。「静的な経済」とその変化について、シュンペーターは次のように述べている。

「われわれの問題は次のようである。第一章の理論は経済生活を年年歳歳本質的に同一軌道にある『循環』の観点から描写したものである――これは動物的有機体の血液循環に比較することができよう。ところでこの経済循環およびその軌道そのもの――単にその個々の局面だけでなく――は変化する。そして血液循環との対比はここで用をなさなくなる。なぜなら、血液循環も有機体の成長や衰退の過程において変化するけれども、それはただ連続的に、すなわち与えられるいかなる微小量よりもさらに微小な刻みをもって、しかもつねに同じ枠の中で変化するに過ぎないからである。経済という生命もまた同様な変化を経験するが、しかしさらにそれ以外にたとえば駅馬車から汽車への変化のように、純粋に経済的――『体系内部的』――なものでありながら、連続的には行われず、その枠や慣行の軌道そのものを変更し、『循環』からは理解できないような他の種類の変動を経験する。このような種類の変動およびその結果として生ずる現象こそわれわれの問題設定の対象となるものである。[5]」

ここでの「循環」が、ドラッカーの言う「静的な経済」のことである。シュンペーターの問題は、経済発展をイノベーションによって説明することであった。シュンペーターのあげる例、駅馬車から汽車（鉄道）への変化・発展は、イメージしやすいものである。さらにシュンペーターは「郵便馬車をいくら連続的に加えても、それによってけっして鉄道をうることはできないであろう」とも言っている。[6] なおシュンペーターは、ウィーンにおいてドラッカー家（ドラッカーの父）の親しい友人の一人であった。一九五〇年、シュンペーターの亡くなる直前に、父とドラッカーがシュンペーターを訪問したときのエピソードは、ドラッカーによって感動的に記録されている。

マーケティングとイノベーションの区別にかかわって、『現代の経営』の「事業とは何か」の前に例証として置かれた「シアーズ物語」を読み返す必要がある。シアーズ社の創業者リチャード・シアーズに対する冷淡な記述と、ビジネスとしてのシアーズ社を確立したジュリアス・ローゼンワルドについての高い評価を比較してみよう。図式的に言うと、マーケティングを行ったに過ぎないリチャード・シアーズと、イノベーションに特徴のあるローゼンワルドとの違いである。

イノベーションの存在しない社会におけるマーケティングのイメージ、「静的な社会における中間商人は、手数料収入を得るブローカーに過ぎない」は鮮やかである。

マーケティングの扱いの発展

改めてドラッカーにおけるマーケティングについて見てみよう。一九五四年の『現代の経営』における、マーケティングの最初の規定は「財やサービスを市場で売ること」であった。これが次のように変化する。

「五〇年前、マーケティングに対する企業人の典型的な考え方は、『工場が生産したものを販売する』だった。しかし今日では、彼らの考えはますます『市場が必要とするものを生産する』に変わっている。[7]」

マーケティングの出発点は、市場での販売であった。それが、生産にさかのぼっていく。そしてこのように結論される。

「マーケティングは、企業にとってあまりに基本的な活動である。強力な販売部門をもち、そこにマーケティングを任せるだけでは不十分である。マーケティングは、単なる販売よりもはるかに大きな活動である。それは専門化されるべき活動ではなく、全事業にかかわる活動である。

まさにマーケティングは、事業の最終成果、すなわち顧客の観点から見た全事業である。したがって、マーケティングに対する関心と責任は、企業の全領域に浸透させることが不可欠である。[8]」

『現代の経営』の二〇年後に著された『マネジメント』では、『現代の経営』の当該箇所を再録した上で、続いて「販売からマーケティングへ」という箇所が追加されている。これはドラッカーの嘆きとともに始まり、「マーケティングの恥」という強い言葉が登場する。

「マーケティングは、その重要性が繰り返し説かれてきたにもかかわらず、ほとんどの企業で行われていない。コンシューマリズム（消費者運動）がそのことを示している。コンシューマリズムが企業に要求しているものが、マーケティングである。それは企業に対し、顧客にとってのニーズ、現実、価値からスタートせよと要求する。社員の評価基準を顧客への貢献に置けと要求する。

マーケティングが説かれてきたにもかかわらず、コンシューマリズムが強力な大衆運動として出てきたということは、結局のところ、マーケティングが実践されていなかったということである。コンシューマリズムの存在はマーケティングの恥である。[9]」

ラルフ・ネイダーをリーダーとするコンシューマリズムは、一九六〇年代、GMの欠陥車問題をきっかけとして起こった（ネイダーには『どんなスピードでも自動車は危険だ』という著書がある）。一九六〇年代から七〇年代にかけて激しく展開された消費者運動である。もちろん排ガス規制のためのマスキー法の成立とも関係がある。

ドラッカーは「マーケティングの恥」を機会として生かすべきだと主張し、「販売からマーケティングへ」の転換を提起している。

「これまでマーケティングは、販売に関係する全職能の遂行を意味するに過ぎなかった。それでは、まだ販売である。われわれの製品からスタートしている。われわれの市場を探している。

これに対し今やマーケティングは、シアーズが顧客の人口構造、顧客の現実、顧客のニーズ、顧客の価値からスタートしたように、顧客からスタートする。『われわれは何を売りたいか』ではなく、『顧客は何を買いたいか』を考える。『われわれの製品やサービスにできることはこれである』ではなく、『顧客が見つけようとし、価値ありとし、必要としている満足はこれである』と言う。

実のところ、販売とマーケティングは逆である。同じ意味でないことはもちろん、補い合う部分さえない。何らかの販売は必要である。しかし、マーケティングの理想は販売を不要にすることである。マーケティングが目指すものは、顧客を理解し、顧客に製品とサービスを合わせ、自ら売れるようにすることである。(10)」

ここでのドラッカーは、問題の本質を強調するために、かなり極端なレトリックを駆使している。「販売とマーケティングは逆である。同じ意味でないことはもちろん、補い合う部分さえない」にしても。「マーケティングの理想は販売を不要にすることである」にしても。

時に、ドラッカーの真意を理解しない発言がある。「販売とマーケティングは逆である。同じ意味でないことはもちろん、補い合う部分さえない」というところを読み、「それでもマーケティングは販売のことではないのか」という質問が出たりする。

このような問題については、たとえばコトラーは、その教科書のたいてい最初の章に「市場に対する企業の方針」という節を置いて説明している。「市場に対する企業の方針」には、互いに相容れない「生産コンセプト」「製品コンセプト」「販売コンセプト」「マーケティング・コンセプト」「ソサイエタル・コンセプト」があるというものである。この中の、とくに「販売コンセプト」と「マーケティング・コンセプト」を取り上げて比較すると、ドラッカーの記述の趣旨がよく理解できる、というものである。

セオドア・レヴィットが評価するように、ドラッカーはマーケティング・コンセプトの代表的な主唱者（むしろ創設者）であった。

イノベーションの扱い

次にドラッカーによるイノベーションの扱いを確認しておく。ドラッカーのイノベーション論がシュンペーターの影響の下に展開されたことは、確かである。シュンペーターの「循環」の理論の中には、企業と企業家は存在しない。それは、「経済発展」を論じる中で始めて登場する。それがドラッカーの記述にどのように反映しているかということは、引用を確認してほしい。

シュンペーターは、『経済発展の理論』の中で、後にイノベーションと呼ばれることになるものを、「新結合の遂行」と定義し、その五つの場合（新製品、新生産方法、新市場開拓、新供給源、新組織）をあげている。[11] シュンペーターの五つの場合に似た表現が、ドラッカーの記述の中にある。

「イノベーションは、事業のあらゆる段階で行われる。設計、製品、マーケティングのイノベーションがある。価格や顧客サービスのイノベーションがある。マネジメントの組織や手法のイノベーションがある。」「イノベーションは、マーケティングと同じように、企業の組織において分離された機能と考えてはならない。技術や研究にのみ限定されるものではなく、事業のあらゆる部門、機能、活動にかかわるものである。[12]」

イノベーションと発明が異なることを主張したのはシュンペーターである。

「発明家あるいは一般に技術者の機能と企業者の機能は一致しない。企業者は発明家でもありうるし、ま

た その逆の場合もありうるが、しかしそれは原理的には偶然に過ぎない。企業者そのものは新結合の精神的創造者ではないし、発明家そのものは企業者でもその他の種類の指導者でもない。[13]」

ドラッカーは、これを継承した上で次のように述べる。

「イノベーションとは発明そのものではない。それは、技術ではなく経済や社会のコンセプトである。経済的なイノベーションや社会的なイノベーションは、技術のイノベーション以上に重要である。[14]」

しかし、シュンペーターが馬車から鉄道への変化をイノベーションのイメージとして取り上げたのに対して、ドラッカーのエスキモーの冷蔵庫の例示によるイメージはまったく異なっている。

「もちろんイノベーションは、たとえ高くても新しく優れた製品の創造、あるいは新しい利便性や新しい欲求の創造であることもある。さらには、昔からの製品の新しい用途の開発であることもある。

たとえば、冷蔵庫を食物の凍結防止用としてエスキモーに売り込むことに成功したセールスマンは、新しいプロセスを開発したり新しい製品を発明したりした者と同様、イノベーションの担い手である。食物を冷たくしておくためのものとして冷蔵庫をエスキモーに売ること、新しい市場を開拓したことになる。しかし、食品が冷え過ぎないようにするものとして冷蔵庫を売ることは、新しい製品を創造したことになる。もちろんいずれも、技術的には同じ製品である。しかし経済的には、後者はイノベーションである。[15]」

シュンペーターがイノベーションとインベンションを区別し、「新結合の五つの場合」の中に「新市場開拓」「新供給源」「新組織」を入れていたように、シュンペーターはイノベーションを技術革新に限定していたわけではない。この特徴は、ドラッカーではいっそう徹底されている。ドラッカーのイノベーションは、当然、技術的イノベーションを含んでいる。しかしそれだけでなく、特に社会的イノベーションを評価するところにドラッカーの特徴がある。

「イノベーションとは、人的資源や物的資源に対し、より大きな富を生み出す新しい能力をもたらすことである。イノベーションは、特に発展途上の国にとって重要である。それらの国にも資源はある。それらの資源を生産的なものにする能力を持たないから貧しいのである。技術は輸入することができる。しかし輸入した技術を使いこなすには、自らがそのために必要な社会的イノベーションを行わなければならない。……マネジメントたるものは、社会のニーズを持って、利益をあげる事業機会としてとらえなければならない。これこそイノベーションの定義である。このことは、社会、教育、医療、都市、環境などさまざまなニーズが強く意識されている今日にあって、特に強調されるべきである。実はそれらのニーズは、一九世紀の企業家が成長産業に転換した当時の社会的ニーズと同じ種類のものである。そのようにして、新聞、路面電車、ビル街、教科書、電話、医薬品は生み出された。今日再び新たな社会的ニーズが、イノベーションを行う企業を求めている。(16)」

マーケティングとイノベーションの連結

『現代の経営』の「事業とは何か」の章では、一旦明確に区別されたマーケティングとイノベーションは、区別のままで終わることはない。現実の事業の中ではマーケティングとイノベーションは車の両輪として機能する。第六章「われわれの事業は何か。何でなければならないか」では既存の事業と将来の事業の両方が問題となる。そして第七章「事業の目標」では、目標として、マーケティング、イノベーション、生産性、資源と資金、利益、経営管理者の仕事ぶりとその育成、一般従業員の仕事ぶりと行動、社会的責任の八つの領域があげられ、とくにマーケティングにかかわる目標とイノベーションにかかわる目標については詳しく述べられているが、マーケティングとイノベーションの連結が示されている。

ドラッカーは、マーケティングにかかわる目標としての市場における地位についての目標を七つあげている。

「①　現在の市場において、現在の製品が直接間接の競合品との比較において占めるべき地位。金額および率で表したシェア。

②　将来の市場において、現在の製品が直接間接の競合品との比較において占めるべき地位。金額および率で表したシェア。

③　技術上の原因、市場の動向、製品ミックスの改善、何を事業とすべきかについてのマネジメントの意思決定によって放棄すべき既存の製品。

④　現在の市場において、必要とされる新製品。それら新製品の種類、特性、売り上げ、現在の市場において占めるべき地位。金額および率で表したシェア。

⑤　新製品を持って開拓すべき新しい市場、金額および率で表したシェア。

⑥　これらマーケティングの目標を達成するために必要な流通チャネル、および価格政策。

⑦　自社の製品、流通チャネル、サービス網によって、適切に供給すべき、顧客が価値ありとみなすサービス。ただし、市場における地位についての目標に適合したサービス。[17]」

ドラッカーが市場における地位についての目標としてあげたこれらの諸点のほかに、マーケティングとイノベーションの連結が示されている。さらにドラッカーはイノベーション上の目標として五点をあげている。これらの目標が、市場における地位にかかわる目標を達成するためのものとして位置づけられているのも印象的である。

「① 市場における地位にかかわる目標の達成に必要な新製品や新サービス。
② 現在の製品を陳腐化するような技術変化が原因となって必要となる新製品や新サービス。
③ 市場における地位にかかわる目標を達成し、かつ技術変化に備えるための製品の改善。
④ コスト上必要とされる生産プロセスの改善など、市場における地位にかかわる目標を達成ために必要な、プロセスの改善と新しいプロセス。
⑤ 経理、設計、事務管理、労使関係など、事業にかかわるすべての機能的活動における、知識や技術の進歩に合わせたイノベーションと改善。[18]」

マネジリアル・マーケティングと「技術革新のマーケティング」

一九五〇年代の後半から一九六〇年代にかけてアメリカや日本において時代を席捲したマーケティング論をマネジリアル・マーケティングと言うことがある。ケリーとレイザーの編になる『マネジリアル・マーケティング』と題する、アンソロジーがよく知られている。その初版は一九五八年の刊行であり、一九六七年の第三版は日本語に翻訳され（一九六九年）、広く読まれた。この第三版には、ドラッカーの「マーケティングと経済発展」「長期計画」という論文やセオドア・レヴィットの「マーケティング・マイオピア」も収録されている。この時代、レヴィットが言うように、ドラッカーをはじめとする主唱者たちによって、マーケティング・コンセプトが提起され流行した。そして、マネジリアル・マーケティングの中では、イノベーションが強調された。マーケティング学者たちは、マネジリアル・マーケティングをマーケティング論のイノベーションだと考えていたに違いないが、マネジリアル・マーケティングの中では、イノベーションのマーケティングが論じられていたことになる。

当時大阪市立大学教授であった故・森下二次也氏には、マネジリアル・マーケティングの歴史的意義を論じた有名な論文がある。そして森下氏は後に「技術革新のマーケティング」を提起することになった。これはもちろん「イノベーションのマーケティング」のことである。森下氏におけるイノベーションは文字通り技術革新のことであって、シュンペーター的なふくらみを持たない。ましてドラッカーの主張するところとはまったく異なるものであった。また森下氏の学問的影響のもとにあった、当時関西大学教授の故・保田芳昭氏にはマーケティング・コンセプトのイデオロギー性を批判する先駆的な研究がある。

振り返って特徴的なことは、森下・保田の両氏には、今日われわれが普通にイメージするマーケティング・コンセプト、言い換えると顧客志向のマーケティングのイメージが欠けていることである。また森下氏の商業経済論には「消費」や「消費者」というコンセプトが欠けていた。「市場問題」という問題意識はあったとしても、「顧客の創造」の意義に注意を払っていたとは到底考えることができない。当時の日本の現実が、両氏の学問的立場を通じて、そのような理解を生んだものと考えられる。

ドラッカーの述懐

ここで最初の問題に立ち返ることにする。

まず、「四〇年もマーケティングが説かれ、教えられ、信奉されながら、それを実行するものがあまりに少ない」というドラッカーの述懐について検討してみよう。

「顧客の創造」を提起した『現代の経営』のなかに、このような嘆きを見ることはできないが、二〇年後の『マネジメント』のなかに、先述の「マーケティングは、その重要性が繰り返し説かれてきたにもかかわらず、ほとんどの企業で行われていない。コンシューマリズム（消費者運動）がそのことを示している」が現れる。そしてさらに一〇年余りたち一九八五年の『イノベーションと企業家精神』の述懐となっている。このテーマは永遠のテーマのように繰り返し登場する。これには続きがある。このような嘆きは、ドラッカーで終わるわけではない。

たとえば、フィリップ・コトラーは『マーケティング・マネジメント ミレニアム版』で、「マーケティング・コンセプト」について、次のように述べている。

「マーケティング・コンセプトを実行している企業は、どのくらいあるのだろうか。残念ながらきわめて少ない。優れたマーケターとして名を馳せているのは、ほんの一握りの企業に過ぎない。……大方の企業は、マーケティング・コンセプトを受け入れざるを得ない状況になるまで取り入れようとしない。[19]」

そしてその理由として、「企業の中にはマーケティング部門が強化されると、組織内における自分たちの影響力が脅かされると信じている部門（製造、財務、研究開発が多い）」ということをあげている。コトラーの『マーケティング・マネジメント』は『ミレニアム版』より後の改訂ではケビン・レーン・ケラーとの共著になる。そこでは、以上のような記述は消え、「ホリスティック・マーケティング・コンセプト」が提起された。これは、

「マーケティング・コンセプト」を改めて強化するためのものと考えることができる。「ホリスティック・マーケティング・コンセプト」は、インターナル・マーケティング、統合型マーケティング、リレーションシップ・マーケティング、社会的責任マーケティングの四つの柱からなるが、その枠組みはドラッカーの『マネジメント』第一部「マネジメントの役割」の基本構成の影響を強く受けたものである。

ドラッカーが『現代の経営』第一六章「組織の構造を選ぶ」の「関係分析」のところで指摘しているように、企業における機能別部門間の調整は重要な課題である。ドラッカーは「部分最適」の危険を指摘しているが[20]、「マーケティング・コンセプト」によって、全体を統合することがコトラーたちの言う「インターナル・マーケティング」の課題でもあった。

改めて『イノベーションと企業家精神』第一九章について

「四〇年もマーケティングが説かれ、教えられ、信奉されながら、それを実行するものがあまりに少ない」ということの理由に、上述のことに加えて、「マーケティング・コンセプト」の難しさがある。ドラッカーがいともたやすそうに語る顧客ニーズを知ることは難しい。われわれが貧困や物不足に直面しているとき、消費者のニーズは明らかである。空腹であれば食べ物が必要であり、住むところがなければ住居が必要である。しかし社会がそれなりに豊かで物があふれているとき、消費者のニーズを知ることは困難である。一九五〇年代のアメリカはガルブレイスの言う「豊かな社会」であり、ドラッカーの『現代の経営』はこの時代に著された。「顧客の創造」は、いつの時代も変わらない事業の目的であるが、その意義と問題性は「豊かな社会」においてますます明らかとなる。調査をしたとしても、消費者はありきたりのことを答えてくれるだけである。調査の前から分かっている程度のことを、再確認するだけかもしれない。もし調査結果を真に受けて素直に商品を開発するとしたら、同様の製品はすでに市場にあふれており、競合する製品にさらに一つを追加することに終わる場合が多い。

ドラッカーの問題は、上記のような現実を克服することであった。『イノベーションと企業家精神』における「効用の創造」「価格の設定」「顧客の社会的・経済的現実への適応」「顧客にとって価値あるものの提供」は、すべてこの問題に対する回答である。「これらの事例は、あまりに当たり前のことと考えられるかもしれない。たしかに、少しばかり頭を使えば、誰でもこのような戦略に到達できるであろう(21)」とドラッカーは言うが、このような言い方はドラッカー特有のレトリックであり、到達のためには徹底的な検討を必要とする。

『現代の経営』第五章、「事業の目的は顧客の創造である」という宣言に続いて、ドラッカーは顧客ニーズ（顕在的ニーズと潜在的ニーズ）との関係において顧客の創造を説明し、その後に、顧客価値について言及した。

「企業が自ら生み出していると考えるものが重要なのではない。特に、企業の将来や成功にとって、それらのものは重要ではない。顧客が買っているものと考えるもの、価値と考えるものが、決定的に重要である。それらのものこそ、事業が何であり、何を生み出すかを規定し、事業が成功するか否かを決定する。(22)」

『イノベーションと企業家精神』第一九章全体は、この「顧客価値」論の展開である。そしてそのことを、ドラッカーはイノベーションそのものと呼んだ。ここにドラッカーのイノベーション論の独自さが示されている。

【注】

(1) ドラッカー（二〇〇七ａ）、二九六頁。
(2) ドラッカー（二〇〇七ａ）、三〇七頁。
(3) ドラッカー（二〇〇六）（上）、四七頁。
(4) ドラッカー（二〇〇六）（上）、五〇頁。
(5) シュンペーター（一九七七）（上）、一七一頁。
(6) シュンペーター（一九七七）（上）、一八〇頁。
(7) ドラッカー（二〇〇六）（上）、四八頁。
(8) ドラッカー（二〇〇六）（上）、四九頁。
(9) ドラッカー（二〇〇七ｃ）（上）、七七〜七八頁。
(10) ドラッカー（二〇〇七ｃ）（上）、七八頁。
(11) シュンペーター（一九七七）（上）、一八三頁。
(12) ドラッカー（二〇〇六）（上）、五一頁。
(13) シュンペーター（一九七七）（上）、二三一頁。
(14) ドラッカー（二〇〇七ｃ）（上）、八〇頁。
(15) ドラッカー（二〇〇六）（上）、五〇〜五一頁。
(16) ドラッカー（二〇〇七ｃ）（上）、八一頁。
(17) ドラッカー（二〇〇六）（上）、九一頁。
(18) ドラッカー（二〇〇六）（上）、九三〜九四頁。
(19) コトラー（二〇〇一）、三三頁。
(20) ドラッカー（二〇〇六）（下）、一〇頁。
(21) ドラッカー（二〇〇七ａ）、四二一頁。

(22)　ドラッカー（二〇〇六）（下）、四九頁。

【参考文献】

P・コトラー／恩藏直人監修・月谷真紀訳（二〇〇一）『コトラーのマーケティング・マネジメント ミレニアム版』ピアソン・エデュケーション。

J・A・シュンペーター／塩野谷祐一・東畑精一・中山伊知郎訳（一九七七）『経済発展の理論』（上・下）岩波文庫。

P・F・ドラッカー／上田惇生訳（二〇〇六）『現代の経営』ダイヤモンド社。

P・F・ドラッカー／上田惇生訳（二〇〇七ａ）『イノベーションと企業家精神』ダイヤモンド社。

P・F・ドラッカー／上田惇生訳（二〇〇七ｂ）『断絶の時代』ダイヤモンド社。

P・F・ドラッカー／上田惇生訳（二〇〇七ｃ）『マネジメント――課題、責任、実践』ダイヤモンド社。

P・F・ドラッカー／上田惇生訳（二〇〇八）『企業とは何か』ダイヤモンド社。

第6章　戦略論の地平
――マネジメント・スコアカードの有効性をめぐって

藤島秀記

マネジメント・スコアカード

日頃、ドラッカーのマネジメント理論に深い造詣をお持ちの方でも、これまでに「マネジメント・スコアカード」（management scorecard）なる言葉に接した経験のある人は少ないであろう。私自身、この言葉にはじめて出会ったのは二〇〇〇年秋のことであった。当時、日本にはアメリカの経営再生の切り札として上陸していた「バランスト・スコアカード」（balanced scorecard）が急速な浸透を見せ、大企業、公共企業体などが相次いで採用に取り組んでいた。この「バランスト・スコアカード」（以降ＢＳＣと呼ぶ）の特質をひとことでいえば「複数の経営目標を整合化、統合化し戦略を組織成員全員が共有化する経営モデル」ということができるだろう。

ドラッカーの「マネジメント・スコアカード」（以降ＭＳＣと呼ぶ）とコンセプトが類似しているため、筆者自身も当時困惑し、それゆえに「ＭＳＣとは何か」探索の旅に出ることになったのである。本章の主たる目的は、ドラッカーのＭＳＣについて、第一にいつどのようなきっかけで認識し、第二にドラッカー自身がＭＳＣをどのような動機で考えだし、第三にＭＳＣのコンセプトと構造をできるだけ正確に輪郭を描くことにある。とはいえ、とくに第三のＭＳＣの構造に迫ると言葉では簡単に言えるが、ドラッカー自身もあまり多くを語らず、類推するにもドラッカー・マネジメントの深遠さのゆえに、筆者自身の能力の不足から十分に目的が達せられたとはいい難い。

　しかしそれにしても、なぜドラッカーは多くを語らず、かつこれまでの彼の多くの著作のなかに入ってこなかったのか疑問が残るであろう。この疑問に応えるヒントは、後に掲載する書簡のなかで示されるが、概略次のようなことと推測する。このＭＳＣはコンサルタントとしてのドラッカーの「私的なツール」であったこと。同時に『現代の経営』（一九五四年）に書かれているマネジメント論をより具体的、実践的に経営に適応させたいという意図があったように考えられる。

　しかしＭＳＣについてドラッカーはこれまでまったく触れなかったわけではなかった。『現代の経営』の出版から四半世紀たって、一九七六年九月二四日号の『ウォールストリート・ジャーナル』誌上でA Scorecard for Management と題して部分的ではあるが紹介し、その後『乱気流時代の経営』（一九八〇年）の第二章に「経営管理者の採点表」として掲載している。残念ながらこの記述からＭＳＣの全体像を知ることはできなかった。

　そこでまずＭＳＣなる言葉との出会いとそのいきさつについて、ドラッカー自身と交わした書簡の内容を通して紹介しよう。

ＭＳＣとの出会い

二〇〇〇年秋、筆者はかつての研究所のスタッフと一緒に、カリフォルニア州クレアモントのドラッカー教授のお宅に訪問し、長時間インタビューする機会を得た。その折りの主要テーマは、二一世紀に向けて日本企業と産業に横たわる問題とその解決への糸口を教示いただくのが目的であった。当時、ドラッカーは私の所属する研究所の名誉所長に就任しており、これまでにも幾度となくお会いもし、原稿をいただくこともしばしばであった。そしてインタビューの中で出てきた話の中に、以下のような発言が含まれていた（インタビューの結果は「ドラッカーと考える二一世紀の経営」というタイトルのシンポジウムを開催し、後に同一タイトルによるビデオと小冊子にまとめ同研究所から出版された）。

「アメリカの株主利益至上主義はすでにピークを過ぎました。まだ終わっていませんが急速に衰えています。アメリカでいま最も成功している新しいマネジメント・ツールは何かというと、私が一九五四年に開発した『マネジメント・スコアカード』なのです。開発した当初は誰も使わなかったのですが、いまやそれは大ブームになっています。これは企業の成功を数字に照らしてチェックするもので、私のオリジナル・バージョンには七つのチェック項目がありました。

収益性はその中の一つにしか過ぎません。ただしきわめて重要なものです。収益性の重要度を過小評価してはいけません。それは企業や経済が将来も確実に存続していくための唯一の手だてなのです。経済のリスク・プレミアムなのです（以後略）。」

上記の書簡から類推する限り、ドラッカーのマネジメント理論がR・S・キャプランとD・P・ノートンが開発したといわれるBSCに影響を与えていることが容易に想像されよう。事実、BSCの体系にはとくに『現代の経営』の中核概念が随所に取り入れられている。しかし私がMSCとBSCの問題の所在を知るのは後のことであり、インタビューの折りにはMSCについてはただ漠然と聞き流すだけで帰国してしまった。帰国後、インタビューの整理と翻訳をしながら、ドラッカーのいうMSCとは一体何なのか、さっそく壁にぶつかってしまった。当時筆者は訳者として解説を書く必要性に迫られていた。そこで一九五四年当時の著作を『現代の経営』をはじめとして再読したが、ついにこのMSCなる言葉を発見することはできなかった。

小冊子の翻訳はなんとか目鼻がついたが、このMSCだけが不明のまま立ちはだかった。そこでついにドラッカーに「一体それはどこに書かれているか。そのコンセプトを大至急教えてほしい」と依頼した（ドラッカーとのこの問題についての詳しいやり取りは、後述するように後日訪れる）。

問合せについての回答は翌日届いた。以下は手紙の要旨を箇条書きにしたものである。

(1)　一九五四年に出版した『現代の経営』のなかの第七章で、私は「事業経営の最重要事項」を七つ指摘し詳述した。

(2)　当時私は、教鞭を執るかたわら、多くの大企業のコンサルタントを引き受けていた。そこでは必ずトップマネジメントに「事業の定義」と「事業の目標」を具体的に明記させ、その目標を組織の成員全員が共有し実行するために七つの最重要課題に分類し、それを成員一人ひとりがカードに書き込めるように指導した。

(3)　MSCでとくに重要なコンセプトは、次の二つのバランスをいかにとるかである。一つは目標を設定するには「収益性」と「非収益性」とのバランス、二つは長期と短期のバランスの問題が重要である。この点についてもすでに『現代の経営』で詳しく書いたつもりである。

上記要約に出てくる「七つの最重要課題」とは以下の八項目（その後ドラッカーは従業員の育成の項目を「一般従業員」と「マネジャー」と二つに分けた。ここでは八項目を取り入れる）となる。すなわち、①「マーケティング」（顧客、市場と同一コンセプト）、②「イノベーション」、③「生産性」、④「資源と資金」、⑤「利益」、⑥「マネジャーの仕事ぶりとその育成」、⑦「一般従業員の仕事ぶりとその育成」、⑧「社会的責任」である。

ここまではＭＳＣなる言葉をはじめて耳にし、解説を書く必要性から出発した探索の第一幕であった。探索の第二幕、すなわちＭＳＣのドラッカー・マネジメントにおける位置付けおよびＭＳＣの構造と展開については、二年後の二〇〇二年九月一〇日付けのドラッカーの書簡から始まった。この書簡の内容自体、ドラッカー・マネジメントの真髄に触れるところが多いと考えるので、少々長くなるが公開することにしよう（数字は二〇〇二年時点のママ引用）。

多様な事業領域に複数の戦略目標を提示すること

「ほぼ五〇年前の一九五四年、私は自著『現代の経営』のなかで、当時としてはきわめて新しい二つのコンセプトを紹介した。その一つが『事業の使命』である。すなわちこの会社は成果をどう考えているか、この会社の最重要な事業領域は何であり、この会社のマーケットとテクノロジーについての基本的な仮説はどのように創られているのか、そしてこの会社のコア・コンピタンスとは何であるのか。

次に、これも当時としては真新しいもう一つのコンセプト、すなわち多様な事業領域にわたり、かつ単一ではなく複数の戦略目標を提示したのである。このコンセプトは、もし戦略目標がなければ事業の存続が脅かされるほどに重要な意味を持っていた。そして、これらの主要な事業領域の戦略的目標をバランスさせ不断に挑戦して行くこと、これを私はコンサルタントとしての活動のなかで『マネジメント・スコアカード』と呼ぶようになった。

『現代の経営』のなかで、私は事業がただ生き残るだけではなく、将来にわたって繁栄を続けるためには目標が必要条件であることを書いた。そして事業の目標には八つの領域があることも詳細に記述し、かつその決定の仕方についても述べた。

さらに私は、これら異なる時期に、異なる事業領域において目標をバランスさせることは重要ではあるが、きわめてリスキーでもある。つまりこうした危険回避の考えから単一の主要事業に、単一の目標に絞り込もうとする一般的な傾向にも警告を発した。

当時から私は言っていたのだが、単一の事業領域にのみ焦点を当てると、それは失敗への旅立ちでもある。ここ数年間、アメリカの多くの企業は短期の利益のみを指向してきた。まさに私が五〇年前に書いたことだが、唯一の目標、かつ短期の利益追求、この二つの行為の結果が数年を経ずして、昨日までの『繁栄した経済の軌跡』を瓦解させてしまったのである。実際のところ、この点については当時も述べ、爾来、ことあるたびに注意を喚起してきたのだが、『現代の経営』のなかでも指摘した『主要な事業領域の目標をバランスさせる仕事ほど、有能なマネジメントと無能なそれを分けるものはない』のである。私はその後出版した『二冊の著作』のなかでも、繰り返し主要な事業領域で目標を設定することとその目標をバランスさせることが、とりわけ大企業において統一性と多様性を確保する最善の方法だと指摘してきた。

大企業において、事業の使命は普遍的なものであり、全社を通してどの事業単位にも、またどの部門にも同じでなければならない。しかしそれぞれの事業単位、各部門は主要な戦略領域——つまりマーケットとテクノロジーにおける地位、その事業の開発段階、その事業の機会などにより、主要な目標間で異なったバランスを必要とする。多角化した企業が、事業単位や各部門間で戦略、目前のターゲット、製品あるいは地域に差があるにもかかわらず、目標に向かっての献身的な行動で統一性を達成できるのは、その使命、基本目標を組織のすべての人びとが共有し、十分に理解してもらう他に方法はないのである。私は、こうしたことをほぼ五〇年前に書き、しかも何度も繰り返し書き、また話してもきた。事実これらのことは、私の国際的なコンサルタント活動の核心とさえなってきた。具体的にあげるならば以下の四点である（筆者注：以下を「MSCの四要素」と呼ぶ）。

(1)　事業の使命を定義し再定義すること。

(2)　ただ単に組織の存続に留まるのではなく、事業の繁栄に結びつく主要な事業領域を定義し、また再定義すること。

(3)　事業とそれぞれの事業領域において目標を設定すること。

(4)　直接的な行動によって成果を生むように、以上の主要な目標をバランスさせること。

われわれはいま、激しい変化の時代の中にいる。その変化はマーケットをはじめ、テクノロジー、流通経路、労働力にまで及んでいる。そうしたわけで、いまは事業の使命を定義し、再定義する方法を改めて考え抜かねばならない時期にきている。すなわち目標とする主要な事業領域は何か、これらの領域のそれぞれで目標をどう定めるのか。選択と集中に焦点を当てるためには、これらの目標をどうバランスさせたらよいのか。さらに全組織が事業の方向と目標について共通のヴィジョンで結ばれ、目標達成による成果を通じて事業単位である各部門が有機的に結ばれ、さらに個々の事業単位と各部門が全社の成功と繁栄に貢献できるように考え抜かねばならないのである。」

ドラッカー・マネジメントの特質は何か

以上の書簡を通読して言えることは、書簡の内容自体がＭＳＣのコンセプトと概念を述べているということだろう。そしてＭＳＣのコンセプト自体がドラッカー・マネジメントの核心を形成しており、さらに理論から実践へと導いている。ドラッカー自身も書簡の中で語っているように、これらのコンセプトは結局、実践的経営の世界では「ＭＳＣの四要素」（「事業および使命の定義」「事業領域の策定」「複数の目標設定」「目標間のバランス」）となって展開され、組織の成員すべてに共有化され、結果として目標の達成に導かれる。

これら「ＭＳＣの四要素」を足掛かりに、さらにドラッカー・マネジメントに関する著作の中から、有力な考え方を動員しながら、ＭＳＣの体系化、モデル化に微力ながら挑戦してみよう。

最初に、ＭＳＣの体系化を試みる前提条件として、ドラッカー・マネジメントとは何かを確認するところから出発したい。ドラッカー・マネジメントの特質は、まず「企業は何のために存在するのか」を問うところから出発する。

多くの経営学教科書に書かれているのは、「いかにうまく経営して利益に結びつけるか」（How to do）を目的の第一義にしていることが多い。それに対してドラッカーのそれでは、前述の「何をなすべきか」（What to do）を理念としているがゆえに、結果的に以下の二つの使命を有する。

一つは、企業は現代社会における代表的な組織であるがゆえに社会の信条、社会との公約、社会の安定と存続に貢献する存在でなければならない。二つは、社会の主要な組織体としての企業は、自ら繁栄し永続することを目的とする。そのために企業経営者は時代、社会の要請に応えるべく、つねに事業の定義を見直すことを求められる。マネジメントは以上を実現し具現化する唯一の手だてとして存在する。

ドラッカー・マネジメントのスタートは一九四三年、当時世界最大の自動車メーカーGMの調査の機会を与えられたときから始まるだろう。この成果は『企業とは何か』（一九四六年）に見ることができる。後にドラッカーは「企業永続の理論」のなかで、GMの今日の衰退を市場と社会のニーズと「事業の定義」の乖離に求めている。すなわちGMは、所得が自動車購入の唯一の要因ではなくなり、ライフスタイルに大きく依存する時代に入っていたにもかかわらず、同社は「事業の定義」をかたくなに変えようとはしなかった。

事業を定義するということは、同時にその企業のミッション（使命）を明確にする行為と同じである。ドラッカーは、先の「企業永続の理論」の中で事業の定義と内容を以下のように三つ上げている。

(1) 組織をとりまく環境変化に対する前提――社会とその構造、市場、顧客、技術の変化。すなわち組織が何のために存在するのかを定義する。

(2) その組織が何をもって意義ある成果と考えるかを定義する。たとえばAT&Tは第一次大戦中以降、アメリカの家庭と企業がすべて電話を持てるようにすることを使命であり事業の定義とした。

(3) 組織の使命を達成するために必要な中核能力（コア・コンピタンス）、すなわちいかなる点で他社よりもすぐれたリーダーシップを持たねばならないかを定義する。

使命とヴィジョン

たとえばMSCを実践しようとする企業が、すでにある分野で事業を行っている既存企業A社だとしよう。A社は創立以来五〇年になる業界では売上高ベスト一〇に入る有力メーカーである。ところがここ二年ほど前から、他業界からの参入が相次ぎ、競争も激しくなり、このまま従来の専業メーカーとして、かつこれまでの国内市場でのみビジネスを行うことで、果たして生き残れるかどうか不安になってきた。そこでA社は、これまでの事業と組織の総点検を行い、できれば三〜五年後には、新しい事業の開発および市場の拡大を実現するために中期計画を策定することにした。

こんなA社のようなどこにでもありそうなモデルを中心にMSCの実践的適応を考えてみよう。

まずA社のMSC実践の第一歩は、使命とヴィジョン（使命をより具体的にしたもの）を描くことからスタートする。自企業のこれまでの事業が時代や顧客の要望に即しているのか、たとえば今後五年を見通しても存続できるのかをまず考えねばならない。この場合の事業領域はA社が五〇年かけてつくりあげた既存分野であり、そこからの製品と市場のイノベーションをどう考え進めるかが中期計画策定上の重要なポイントになるだろう。

市場分析と事業の定義

第一ステップの使命とヴィジョンの次は、第二ステップの「事業領域の設定」「事業の定義」そして「基本目標と計画の策定」へと移ることになる。この第二ステップは、上の「事業と事業領域の策定」の仕事と下の「重点目標と計画の策定」の二つの仕事に分かれる。

A社の経営陣はここで、以下のような重要な意思決定を下さなくてはならないことになる。それは現在のA社の事業および製品群の市場における地位および将来の市場での成長力を、まず客観的に分析しなければならない。この結果によって、既存事業の何を廃棄し、何を育て、さらに将来どんな事業を開発すべきかの検討に移ることになるだろう。ドラッカーはそのためにはプロダクト・ポートフォリオ分析が有効だとしている。

このステップすなわち事業の未来を考察する際の重要なポイントを、ドラッカーは次のように述べている。(1)

第一に、市場の潜在的な可能性と趨勢である。市場や技術に大きな変化がない場合、五年後、一〇年後に、われわれの事業はどこまで大きくなることを期待できるか。そしてそれを決定する要因は何か。

第二に、経済の発展、流行や好みの変化、競争の変動による市場の変化である。

ここにいう競争とは、製品やサービスについての顧客の定義にもとづく競争であって、直接的な競争だけでなく間接的な競争も含まれる。

第三に、顧客の欲求を変化させ、新しい欲求を創造し、古い欲求を消滅させるイノベーションの可能性の問題である。さらには、顧客の欲求を満足させる新しい方法を生み出し、価値のコンセプトを変え、より大きな満足を可能とするイノベーションの可能性である。

第四に、今日のサービスや製品によって満足させられていない顧客の欲求の問題である。通常、自らの力によって成長していく企業と、景気や業界の上げ潮に乗って成長することで満足する企業は、やがて引き潮とともに衰退していく。顧客の満足させられていない欲求について、体系的に分析することによって成功した顕著な例がシアーズだった。

とくに第四のノンカスタマーの問題について、かつてドラッカーは「なぜデパートは斜陽に陥ったのか」の質問に対する答えとして、次のように語った。

「デパートは人口の約三〇％の高所得層の顧客にのみ満足を与えることに腐心し、残った七〇％のノンカスタマーを無視したことによる。やがて時代は所得の平準化、女性の社会進出、ライフスタイルの変化を促した。にもかかわらず、デパートの使命、事業の定義は永らく変わることはなかった。」

あの巨大組織のＧＭもまた同じことがいえるだろう。

ここでＡ社は既存事業を分析する際に、将来業績をもたらす領域を明確にする必要がある。そのためには五〇年続いてきた事業の骨格となるビジネス構造をまず把握し、以下の三つの関係について分析しておかなければならない。[2]

(1)　資源投入量と業績の関係

(2)　社員の活動量と成果の関係

(3)　一単位の利益を上げるためのコストの関係

この三つの関係を把握した上で、顧客や最終ユーザーを含む市場、流通チャネルの総点検を行う必要がある。

またドラッカーは企業の業績を直接左右するのは「製品（サービス）」「市場」「流通チャネル」の三つの領域であり、そのそれぞれの領域に資源が割り当てられ、市場におけるリーダーシップ上の地位を決定するとしている。そして多くの企業の業績不振の原因は、単に製品にある場合は少なく、誤った市場、間違った流通チャネルでビジネスをしている場合が多い点に注意を喚起している。

繁栄し永続する経営モデル

次にA社は重点目標の設定と中期計画への刷り込みである。重点目標の設定に当たっては、組織の成員すべてが共有できるために、具体的で平易のものでなければならない。事業分析の結果、もしA社は将来、新しい事業か新しい市場へ出ていく必要性を決断したならば、そのことを明確にして平易に目標に掲げることが必要だ。目標設定でとくに重要なのは、先にも述べた以下の二つの目標のバランスである。

(1)　長期的目標と短期的目標とのバランス
(2)　財務的（利益、コスト）目標と非財務的目標のバランス

この二つのバランスはドラッカー・マネジメントの中心的コンセプトといってもよいだろう。企業は今日の業績を無視して明日の業績は求められないだろう。反対に明日を考えずに現在の利益にのみ傾倒すれば、企業は死の行進に向かうことになるだろう。二番目のバランスの必要性については、ドラッカーは『現代の経営』のなかで次のようにいう。

「利益という唯一の目標だけを強調することは、事業の存続を危うくするところまでにマネジメントを誤

りに導く。」

理由として「今日の利益のために明日を犠牲にする。もっとも売りやすい製品にだけ力を入れ、明日の市場のための製品をないがしろにする」という。筆者はMSCの理念を「繁栄し永続する経営モデル」と理解してきた。この観点からすれば、以上の二つのバランスは目標を設定し計画に落とし込む際の必要条件といえるだろう。

以上使命とヴィジョン、事業および事業領域、重点目標が決まれば、次は具体的にいかなる目標を設定すべきか、MSCの核心に迫ることになる。

目標設定の五原則

ドラッカーは書簡の中で次のようにMSCについていう。

「当時（一九五四年ごろ）としては真新しいもう一つのコンセプト、すなわち多様な事業領域にわたり、単一ではなく複数の『戦略目標』を提示した。このコンセプトは、もし戦略目標がなければ、事業の存続が脅かされるほどに重要な意味を持っていた。そして、これらの主要な事業領域の戦略的目標をバランスさせ不断に挑戦していくこと、これを私は学者、コンサルタントとしての活動のなかで『マネジメント・スコアカード』（MSC）と呼ぶようになった。」

複数の戦略目標とは、『現代の経営』で明らかにした八つの目標のことである。

「この目標設定は私のオリジナル・バージョンには七つの項目がありました」と語っているように、開発当初は七項目であった。それが現在では五番目にある「人的資源」が「一般従業員」と「マネジャー」に分かれ、現在では八項目に改められている。

ここで目標戦略の項目を検討する前に、われわれは以上の目標設定の復習も兼ねてその留意点を総括しておこう。私は以下の五項目こそ事業を定義する上で重要な「目標設定の五原則」と呼んでいる(3)。

(1)　目標は具体的でなくてはならない。目標は使命を実現するための公約であり、成果を評価するための基準である。言い換えれば、目標とは事業にとって基本戦略そのものでなければならない（筆者注：ドラッカーはまた別のところで次のようにいう。「事業の定義は、目標に翻訳しなければならない。そのままではせっかくの定義も実現されることのない洞察、よき意図、よき警告に終わるだろう」）。

(2)　目標は組織の成員の行動に結びつくものでなければならない。成人各員の仕事のターゲットと仕事の割当てに結びつくものでなくてはならない。また各人の仕事の動機付けとなるものでなくてはならない。

(3)　目標は企業の資源と成員の行動を集中させるものでなくてはならない。事業活動の中から、とくに重要なものを区別し、人、もの、金という主たる資源の集中を可能にするものでなければならない。少なくとも総花的でなく、どこかに特化集中したものでなければならない。

(4)　目標は一つではなく複数持たなくてはならない。つまるところマネジメントとは、多様なニーズを目標といかにバランスさせるかである。そのために目標は複数でなければならないのである。

(5)　目標は事業の成否に関わる以下の八つの領域で設定されなければならない。①「マーケティング（顧客・市場）」、②「イノベーション」、③「生産性」、④「資金・物的資源」、⑤「人的資源（一般従業員）」、⑥「人的資源（マネジャー）」、⑦「社会的責任」、⑧「利益」。

以上のそれぞれの領域において「何を評価するか」その対象を定め、次に「評価測定の尺度」を決定しなくてはならない。ＭＳＣにおいて、目標設定は重要な要素となる。しかしA社はいかに立派な事業定義を行ったとしても、それが組織の成員と分かち合える目標に翻訳されていない限り、組織力としての価値を獲得したとはいえないだろう。

マネジメントの最終的な目標は「成果」に還元される。組織の成果は組織全体の目標を理解した上で、組織の成員ひとり一人が自己の目標を設定し、果敢に目標に挑戦することから生まれる。マネジャーの最大の責務は部下の個人目標と組織目標の間に齟齬が生じた際に、いかに調和させるかにかかっていよう。この自己の目標管理と組織目標管理の問題は、『現代の経営』、『マネジメント』（一九七四年）のなかでManagement by Objectives and Self-controlとして取り上げられている。

最終的にドラッカーは「支配によるマネジメント」から「自己管理によるマネジメント」を示唆し、組織の成員が目標を共有したときに感動によるマネジメントが可能になるとした。

四つのフィールドの具体的な要素

四つのフィールドの目標設定については『現代の経営』第七章「事業の目標」に書かれたもののポイントのみにとどめる。

(1)「財務目標」（利益、資金と資源）の視点

・「利益」は事業活動の有効性と健全性を評価する究極の判定基準である。

・「利益」は不確実性をカバーするコストである。企業には本来「利益」なるものは存在しない。あるのは未来費用としての、企業永続のためのコストである。
・「利益」は直接的には社内留保による自己金融の道を拓き、間接的には事業の目標に適した外部資金の流入の誘因になることによって、事業の拡大やイノベーションに必要な資金の調達を確実にする。
・安易な借入れに頼らず、キャッシュフロー経営こそが健全経営のために重要である。
・「資金と資源」に関わる目標は、慎重に準備された経営方針、経営計画にもとづいて行われなければならない。資金調達につまずくことがあれば、マーケティングやイノベーションに関わる目標達成にも大きな影響を被ることを覚悟しなければならない。
・資金計画、資金需要予測の重要性はいうまでもない。すなわち「いつ」「どのくらい」投資のための資金を必要とするか。そして資金を「どこから」「どのような方法」で調達するかを目標の中に入れておかねばならない。

(2)「事業目標」（顧客・市場、事業領域・定義）の視点

・「事業目標」を設定するには、まず自企業の市場での地位と競争状況を把握しなくてはならない。そのためには以下の問いに応えられることが大前提となる。「自分の市場は何か」「誰が顧客か」「その顧客はどこにいるか」「顧客は何を買うか」「顧客は何に価値を見いだしているか」
・自社製品が市場において占める現在の地位と将来の望ましい地位——具体的に金額、シェアを書き出す。
・市場動向、技術水準、顧客満足度から見た場合、撤退する時期、製品、市場などを明らかにする。
・新製品によって開拓すべき新しい市場——その金額、シェア。

・上記を達成するために必要な流通チャネルおよび価格政策。
・顧客が「価値あり」と見なすサービスの創造。
(3)　「組織目標」（イノベーション、生産性）の視点
・目標達成に必要な新製品、新サービスのイノベーション。
・現在の自社製品が陳腐化するような技術変化に対応したイノベーション。
・事業に関わるあらゆる職種別活動（経理、設計、事務管理、購買など）における知識や技能の進歩に合わせた改善やイノベーション。
・コスト上で必要とされる生産プロセスの改善、新しいプロセスの改革。
・内部プロセスの各セクター間のシナジー効果の向上。
・「資本の生産性」「物的資源の生産性」——たとえば小売店であれば棚のスペースの効率化、回転率の向上。
・人的資源の生産性（労働生産性）の向上計画。
・「情報」という資源の生産性。
——以上のイノベーションと生産性向上について目標設定で明確にすること。
(4)　「創造性と社会性」（人的成長、社会的責任）の視点
・企業が永続し利益を上げるためには人的資源としての従業員、マネジャーの仕事の質と育成がカギとなる。そのためには以下の点がとくに重要となる。
①　従業員育成のための目標設定と自己改革プログラム
②　従業員の仕事の再設計と刷新に関するプログラム

③　従業員による革新的な組織風土づくりを可能とする施策

④　マネジメントの組織構造改革の不断の取組み

・社会的責任は、企業が社会との関わりを前提においている限り、「使命」「目標設定」「戦略」のなかに組み込まれていなければならない（筆者注：これこそドラッカー・マネジメントの特質であり意義でもある。二一世紀に入って、とくに企業に求める社会の目は、これまでの成長至上主義からサスティナビリティへと変わってきた。企業はもはや広い概念としての社会的責任（企業統治、社会性、環境保護）から逃れることはできない）。

以上の「目標設定」をより具体化した場合、いかなる指標を用いればよいであろうか。これはＭＳＣを実際に使うときのツールであり、企業の置かれた特性によって選択することができる。ここでは標準的なものをあげておく。

①　財務目標

〈目的〉中長期の安定した利益を確保するために、資金と資源の供給体制を確立する。

総資本利益率／売上高営業利益率／営業キャッシュフロー資金需要の予測／資源供給体制の確立など

②　事業目標

〈目的〉事業領域と定義を決定し、顧客と市場を創造するポイントをすべて抽出。

顧客の決定と分析／市場分析／マーケットシェア・市場成長率／事業領域の決定／事業の定義・再定義など

③　組織目標

〈目的〉組織能力を高めるにはイノベーションと生産性をいかに高めるべきか。

イノベーション計画／技術トレンドの予測／各種付加価値生産性の測定／コア・コンピタンスの確立など

④　創造性と社会性

〈目的〉マネジャーと社員の能力、モチベーションを高め、企業をコーポレート・シチズンとして認知させるためには何を行うべきか。

・能力開発・創造性開発プラン／アスピレーション高揚の施策

・CSR、企業統治の具体策／社会貢献・環境問題への取組みなどMSC策定の流れに沿って説明するならば、「戦略の策定」「事業ユニット単位の目標設定」「個人別目標設定と評価」へと進む。そしてそれぞれの見直しへと展開されることになる。

最後にポイントのみを記しておく。

(1)「戦略の策定」は目標と計画が硬直化しないためにも重要である。とくに短期と中・長期の目標のバランスをとるためにも、社会経済の変化に備えていくつかのシナリオを持っておく必要がある。またドラッカーは、目標は単一ではなく複数持たねばならないと言っている。しかし二〇〇〇年の取材の際「ただし事業の多角化とマーケットの拡大を同時に目標に上げることは好ましくないが、企業によって避けられない事情があるならば、戦略策定においてウエイト付けをすることが必要」としている。

(2)企業単位の目標が策定されたら、次は事業単位別の戦略、戦術が必要になる。ここで重要なのは「目標設定の五原則」でも述べているように、仕事ユニット単位の目標は成員個人の行動に結びつくものでなければならない。そして最終的には「何を評価するか」その範囲を決め、適切で公平な「評価の基準」を持つことが求められよう。

【注】

（1）ドラッカー（二〇〇六）、第6章「われわれの事業は何なのか」より。
（2）ドラッカー（二〇〇六）、第1章「企業の現実」より。
（3）ドラッカー（二〇〇〇）、三八頁。

【参考文献】


P・F・ドラッカー／上田惇生編訳（二〇〇〇）『チェンジ・リーダーの条件』ダイヤモンド社。

P・F・ドラッカー／上田惇生訳（二〇〇六）『現代の経営』ダイヤモンド社。

P・F・ドラッカー／上田惇生訳（二〇〇七）『創造する経営者』ダイヤモンド社。

（注）本稿の初出は淑徳大学国際コミュニケーション学部学会機関誌『国際経営・文化研究』（二〇〇四年三月）に掲載したものに一部加筆修正を加えたものである。その後今日まで、本テーマに関して何人かの学友と共同研究を重ねてきているが、それは近い将来発表し大方のご批評を受ける所存である。

第7章　非営利組織における展開

島田　恒

非営利組織への関心

ドラッカーは二〇世紀を中心に、広く世界に影響力を発揮してきた巨人であることは言を俟たない。経営学者、コンサルタント、社会生態学者、文筆家……、さまざまな呼称があるが、社会の問題、人間の問題に深い関心と知見をもって発言し貢献した人物である。

二〇〇五年に世を去ってからもドラッカー人気は継続し、解説書を含め書店にも専用棚に広く配架されている。その多くはドラッカーの業績を礼賛し、特に実務的管理論が主流を占めている。

筆者は、ドラッカーの凄さは、実務的に役立つのみならず、その一貫した思想的基盤にあると考えている。ドラッカーを神格化することはドラッカー自身が嫌うところである。本章で記述するように、彼の読み違い、認識の誤り――「ドラッカーの挫折」と表現する――も現実である。それにもかかわらず、彼の思想的基盤は揺らぐことがなかった。そして、その現実がドラッカーの関心を非営利組織に向けさせることにつながっていく。

本章では、ドラッカーの思想的基盤、社会の現実的変遷の歴史に座標を置きながら、非営利組織の存在意義と管理に及ぶことにしたい。

変わらざるドラッカー——その思想的基盤

一九〇九年文化の花開くウィーンで生まれたドラッカーは、ドラッカー家で開かれた知識人を招いてのサロンをはじめ、両親の交友関係による名士との出会いに恵まれた。その機会は若きドラッカーに大きな影響をもたらした。専門とする分野はまったく異なっていても、その道一流の人間との出会いは何か鋭い刺激を与えたに違いない。

ウィーンのギムナジウムを卒業し、両親のもとを離れドイツのハンブルグ大学法学部に入学、同時に貿易商社の見習い社員として勤務した。向学心は旺盛で、キルケゴールを知ってデンマーク語を学び、その思想に深く共鳴することになった。ドラッカーの研究や著書は主に社会に関するものであるが、社会は個人としての人間から成り立っており、人間についての考え方が思想の基盤に据えられている。

ハンブルグ大学からフランクフルト大学に移籍したドラッカーは、法学博士号を取得、有力紙編集記者として勤務、その間ヒトラー、ゲッベルスを取材するなかでその存在の危険性を肌身に感じ、彼らの思想との相克において自らの社会観・人間観を練り上げ、社会に発表する機会を模索することになっていった。二〇世紀のドイツやヨーロッパにおける負の現実の中でドラッカーは正統な社会の姿を模索し、個人としての人間の実存の世界に踏み入った。

自由と機能

ドラッカーが辿り着いた思想的基盤は、「自由」と「機能」である。

機能を欠いては個人も社会も発展が期待できない。科学技術や人間協働の発展によって、経済も行政も目的を達成し豊かさを実現する。ロンドンに始まった産業革命、二〇世紀の大企業による大量生産によって経済は飛躍的成果を達成した。

機能の成果を方向付け、社会や人間にとって価値あるものにするためには思想が不可欠である。それが間違えば機能は社会にとっても人間にとっても不幸を招来する。ナチスの思想はそのような代表であった。経営学の始祖といわれるテイラーも、自らの機能への貢献（「経験から科学へ」）の実践による生産性の飛躍的効果）を自認しながらも、それは労使による「対立から協調へ」という精神革命がなければ「科学的管理法」とは呼べないことを言明した。

ドラッカーの定義する自由は、「責任ある選択」である。欠けある人間が、自らの意思決定に責任をもつことである。彼が依拠したキルケゴールの哲学に沿うならば、絶対なるもの（神、真理）に対して、自らの一回だけの人生に申し開きのできる（アカウンタビリティ）責任を持つことである。

ドラッカーの著述はほとんど全部社会に関するものである。その基底にはドラッカーの人間理解が一貫しているけれども、その内容は社会や組織に関わるものとして書き込まれている。しかしながら、唯一ともいってよい例外が The Unfashionable Kierkegaard, *Sewanee Review*, The University of the South, 1949（「時流とは異質のキルケゴール」（表題筆者訳）である。この論文は短いものではあるが、ドラッカーの人生観を理解するうえで重要な位置を占めている。この思想は、ドラッカーの生涯変わることのなかったものであると考えてよいであろう。この論文が、後日の著作、『すでに起こった未来』（一九九三年）、『イノベーターの条件』（二〇〇〇年）にも編入されていることは、生涯一貫した思想上の重要性と普遍性をドラッカー自らが確認している証左となっている。

「自由にして機能する」個人や社会のあり方こそ、生涯変わることのないドラッカーの思想であった。

変わりゆくドラッカー——産業社会の構想と挫折

ドラッカーが直面したナチスの思想は自由を抹殺するものであり、本格的著書の第一作といえる『「経済人」の終わり』（一九三九年）において、鋭く全体主義に立ち向かった。

ナチスに追われるようにアメリカに移住したドラッカーは、そこに自由と機能を実現する産業社会を発見する。現実を批判するだけでなく、それに代わりうるビジョンを提示するという、彼の面目躍如たる『産業人の未来』（一九四二年）を発表した。

アメリカに渡ったドラッカーは、企業コンサルタントなど実務上の経験を踏まえ、ビッグ・ビジネスに新秩序による産業社会を現実のものとするプロトタイプを発見する。産業社会において大企業は経済的制度であり、同時に統治的制度であり社会的制度となっている。経済関係によってのみ社会に結びつけられていた経済人の時代は過ぎ去り、人々は産業人として社会に結びつけられている。彼は、「工場共同体」という概念を具体的に示しその生育に期待を寄せた。それらを実現することによって「自由にして機能する社会」が可能になると考えた。ＧＭでの経験を活かし『現代大企業論』（一九四六年）を上梓、続いて『新しい社会と新しい経営』（一九五〇年）、『現代の経営』（一九五四年）において、確信に満ちた新秩序の実践型を提出していく。六〇年代の『創造する経営者』『経営者の条件』においては、産業社会のリーダーともいうべき企業経営者のマネジメントについて指導を重ねた。企業経営者の熟達が、取りも直さず産業社会の成功につながると考えたはずである。企業におけるマネジメントのグルーともいわれるドラッカーによる経営学は、歴史を形成していく大きな潮流を鋭く分析し、人間のあり方、社会のあり方、組織のあり方、マネジメントのあり方を、規範的・理論的・技術的に提出したのであった。

しかしながら産業社会の発展は、ドラッカーの期待に反して「自由にして機能する社会」を実現することはできなかった。限りなく経済的豊かさの追求に傾いた「産業人の未来」は輝かしいものとはならなかった。ドラッカーはこの現実をいち早く認識し、『断絶の時代』（一九六九年）を上梓した。今まで企業を圧倒的に重要な制度として産業社会の構造を描いてきたドラッカーが、その限界を認め「私は大企業を現代の『決定的』組織体と呼んだ」ことに対して反省を披瀝した(1)。そして後に、「資本主義に対しては重大な疑念を抱いている。経済を最重要視し偶像化している。あまりに一元的である。……人間として生きるということの意味は、資本主義の金銭的な計算では表わせない。金銭などという近視眼的な考えが、生活と人生の全局面を支配することがあってはならない(2)」と表明するのである。折から発表されたカーソン『沈黙の春』（一九六二年）やローマクラブ『成長の限界』（一九七二年）なども、産業社会の限界を独自の側面から警告するものであった。

一九五九年初来日以来、ドラッカーは日本的経営に期待を寄せた。「工場共同体」を実現する可能性に期待を寄せた。しかし、「その日本ですら、これが問題の回答や解決でないことが、すでに明らかになっている」[3]と告白することになる。

なぜに挫折が生じたのか。企業には資本の論理、すなわち利潤を最大化するエネルギーをドラッカーはやや軽視していたと筆者は判断する。労働者をコストとするブラック企業、非正規労働者、拡大する格差、企業における絆の希薄化、さまざまな企業不祥事……、多くの負の側面が現実になってしまった。社会生態学者を自認するドラッカーは、自由と機能を実現するという、変わらざる思想的基盤に基づいて、「挫折」を超え次なる構想へとシフトせざるを得なくなるのであった。

多元的組織社会――非営利組織への期待

ドラッカーの挫折を筆者はパーソンズ社会学知見を参照しつつ読み解くことにしたい。社会はおよそ四つの機能で成り立っている。経済・政治・文化・共同である。各機能の原則は次の通りである。

経済は　合理・効率の原則（科学技術の恩恵も受け、企業が備えるべき大原則）
政治は　平等・安全の原則（一律公平、法律による行政の施行。社会の方向付け）
文化は　理想実現の原則（社会や人間のあり方を考える価値観の世界）
共同は　共生と絆の原則（人間の人格的「つながり」の世界）

産業社会は、経済の機能を社会のなかで増殖させ、政治や文化・共同の働きを圧縮させてしまっている。目に見えるもの、無機質なものの豊かさが、目に見えないもの、価値の世界をあまりにも圧縮させ、経済の原則である合理・効率が社会全体の尺度になっているかのようである。この現実が、先に触れたドラッカーの夢見た産業社会の構想を破壊し、さまざまな負の側面を表出させている。

今われわれは、社会全体の「構造改革」を迫られているのではないであろうか（経済の機能再構築を課題とした小泉構造改革とは次元を異にする）。

ドラッカーは二〇世紀のリーダーとして、自ら主唱した産業社会を「挫折」とまではいわないとしても、構想を改め「多元的組織社会」を提唱し、特に価値や絆（文化や共同）を補完すべく、非営利組織の台頭に大きな期待を寄せていくことになる。井坂も指摘するように、「二〇世紀の支配潮流たる合理主義を超克する独自の論理[4]」に導かれ、その思想基盤を変わらざるものとして据えながら、次なる社会構想を展開していくのである。

成果を上げる非営利組織

非営利組織のいのちはミッション（使命）である。社会や人間を変革する哲学・思想であり、価値観である。そしてそのミッションに共感する人々による協働と深い絆が生まれる。合理・効率とは異質の世界であり、経済や政治とも支え合いながら、同時に牽制の働きを演じることになる。この非営利組織の働きによって、文化と共同の働きが強化され、社会は協調と調和を取り戻すことができる。

社会や人間のあり方を変革するには、ミッションが綺麗ごとに止まってはならない。現実の成果を上げていくことが必須である。ドラッカーは、『断絶の時代』で「すでに起こった未来」としての非営利組織の重要性を示し、『マネジメント』においては特別の章を用意して非営利組織の経営を扱い、一九九〇年には『非営利組織の経営』を著した。長年培われてきた企業におけるマネジメントを、組織に共通する原則として応用しながら、非営利組織にのみ特有な経営の諸問題を取り上げたのであった。われわれは『マネジメント』『非営利組織の経営』の二書によって、非営利組織の経営を体系的に理解することができる。

ドラッカーの非営利組織マネジメントのコアはミッションにある。それは、社会や人間を変革する哲学であり、活動目標でありながら、同時に経営の基本軸に組み込まれ成果に直結していくものである。

マネジメントの基本軸は、事業展開そして人材活用である。この基本軸がばらばらではなく、リーダーシップによって起爆され、相互に統合されて成果をもたらすことになる。

事業展開において、非営利組織は差別化の優位性を自らのミッションに求め、独自のものとしての共感を獲得しなければならない。非営利組織も、企業と同様に利用者のニーズを考慮することなくしては貢献の機会を失うことにつながる。そのミッションが独りよがりであってはならない。しかし同時に、自らのサービスにミッションを滲ませて社会や人間の変革に奉仕しなければならない。それでなければ、企業と顧客による単なる交換関係と同じになってしまう。筆者はドラッカーやコトラーらの示唆を参照して、非営利組織における事業展開としてのマーケティングを次のように定義する。

「非営利組織のマーケティングとは、ミッションに基づく成果を達成するために、自らに適した事業領域を設定し、そのニーズを見極め、ミッションと一体化させることによって価値を創造し、クライアントや資源提供者との間に自発的交換を実現するための機能である。」

ミッションを独自のものとして差別化に用いて優位性を構築するとともに、ミッションの実現という成果につなげていく。

人材管理においても、ミッションは重要な働きにつながる。非営利組織にはボランティアという独自の人材が貢献に参加することが多い。合理・効率の観点からすればまったく割に合わないボランティアを引きつけるものは、組織のミッションに対する共感であり、それに貢献することの目に見えないよろこびである。また、志を同じくする仲間との絆、居場所の存在であろう。無償ではないが日常勤務するスタッフにとっても、組織のミッションに対する思い入れがその貢献に資するものがあるはずである。

さらに、事業展開と人材活用を連結し相乗的効果を上げるためのリーダーシップも、ミッションへの共感がコアとなる。ボランティアや寄付による物的見返りのない資源提供も、ミッションへの共感を欠くことはできない。

このように見ていくとすれば、ドラッカーが強調するミッションの重要性が理解される。その実現が成果であり目標であるとともに、戦略の基盤であり、日常の意思決定と行動を導く動脈である。非営利組織の経営は、まさにミッションベイスト・マネジメントなのである。

非営利組織への実践的サポート

ドラッカーマネジメントは実践的に効果を生み出す。ドラッカー自身、思想・理論に止まらず実践的支援を志した。哲学・理論・実践のトータルな展開を「学問」と呼び、理論に基づく実践的な展開は「科学」と区分することにしよう。経営学でも、多くは「科学」であり合理・効率を志向する（三戸はこれを「主流」と呼ぶ）。ドラッカー経営学はトータルな展開を有する「学問」である（三戸はこれを「本流」と呼ぶ）。

ドラッカーは非営利組織の経営実践を支援すべく多くの貢献を残したが、代表的な例としてドラッカー財団（The Peter F. Drucker Foundation for Nonprofit Management　現在は呼称変更されている）を取り上げてみよう。財団は年次国際会議を開いて、非営利組織マネジメントに関するセミナーと情報交換の機会を提供してきた。会議には一流中の一流といえる講師が招かれ、ドラッカー自身はもちろん、マーケティングの最高権威といえるコトラー、リーダーシップ論のベニスなどがよく登壇しており、非営利組織マネジメントにかけるドラッカーの意気込みが伝わってきていた。会議は基調講演のほか分科会が開催され、懇親会による交流も用意されていた。世界中からの参加者に交じって筆者も数度参加したが、学びと刺激を受け、交流を楽しむ素晴らしい機会であった。

『非営利組織の経営』には、本文とともに、ドラッカーと非営利組織責任者との対談を載せている。ドラッカーに指導を受け、衰退しつつあったガールスカウトの活動を活性化することに成功したヘッセルバイン（現在は旧ドラッカー財団の理事長）、有名な家具会社会長で大学や神学校の理事を務めるデュプリー、米国心臓協会CEOのハフナー、カトリック司教区の神父バーテル、病院経営のスピッツアー＝レーマンなどとの対話のなかでも、多くのマネジメント上の示唆を提供している。このほか、多くの実践サポートの事例を知らされている。企業に対するコンサルタントと異なり、ドラッカーは非営利組織の指導には報酬を辞退したといわれている。非営利組織に対する期待と貢献意欲の現れなのであろう。

二〇〇五年一一月、九六歳の誕生日を目前に、激動の時代を生き抜いて多くのものを世界に残し、類まれな巨人はこの世を去った。ニューヨーク・タイムズは訃報に接し「マネジメントの権威、P・F・ドラッカー死す」と伝え、続いて「キルケゴールからゼネラル・モーターズにまで及ぶ精神の旅路」を特集した。それは、実業の世界に貢献する基盤に、深く「精神」を宿していたドラッカーに相応しい葬送の特集に見えた。

【注】

（１）Drucker, P. F.（1969）, *The Age of Discontinuity*, Harper & Row.（林雄二郎訳（一九六九）『断絶の時代』ダイヤモンド社、二二九頁。）

（２）Drucker, P. F.（2002）, *Managing in the Next Society*, ST. Martin's Press.（上田惇生訳（二〇〇二）『ネクスト・ソサエティ』ダイヤモンド社、二〇三～二〇四頁。）

（３）The Drucker Foundation（1998）, *The Community of the Future*, Jossey-Bass.（加納明弘訳（一九九九）『未来社会への変革』フォレスト出版、二〇頁。）

（４）井坂康志（二〇〇七）「保守と変革」『文明とマネジメント』（ドラッカー学会）、一七三頁。

【参考文献】

Drucker, P. F.（1939）, *The End of Economic Man*, John Day.（岩根忠訳（一九六三）『経済人の終わり』東洋経済新報社。）

Drucker, P. F.（1942）, *The Future of Industrial Man*, John Day.（岩根忠訳（一九六四）『産業にたずさわる人の未来』東洋経済新報社／田代義範訳（一九六五）『産業人の未来』未来社／上田惇生訳（一九九八）『産業人の未来』ダイヤモンド社。）

Drucker, P. F.（1969）, *The Age of Discontinuity*, Harper & Row.（林雄二郎訳（一九六九）『断絶の時代』ダイヤモンド社。）

Drucker, P. F.（1974）, *Management*, Harper and Row.（野田一夫・村上恒夫訳（一九七四）『マネジメント』ダイヤモンド社。）

Drucker, P. F.（1990）, *Managing the Nonprofit Organization*, HarperCollins.（上田惇生・田代正美訳（一九九一）『非営利組織の経営』ダイヤモンド社。）

The Drucker Foundation（1998）, *The Community of the Future*, Jossey-Bass.（加納明弘訳（一九九九）『未来社会への変革』フォ

レスト出版。）
河野大機編著（二〇一一）『ドラッカー』文眞堂。
島田恒（二〇〇三）『非営利組織研究』文眞堂。
島田恒（二〇〇九）『新版　非営利組織のマネジメント』東洋経済新報社。
三戸公（二〇一一）『ドラッカー、その思想』文眞堂。

第8章　知識、技術、文明

井坂康志

ドラッカーの技術論

第二次世界大戦以後、ドラッカーは社会構造と文明の観察にもとづき、技術や知識に関する発言を折に触れて行うことによっても自らの思考様式を明らかにしてきた。そのことについて戦前における政治学者、戦後におけるマネジメント研究者の余技というにはあまりに深遠な暗示をはらむものがあった。むしろ、そこには彼のマネジメントの代表的な著作群にも濃厚に息づく独自の方法論の原型と本質を見ることが可能である。

ドラッカーの創意になるマネジメント体系それ自体もいかに巨大とはいえ彼の広大無辺の思想的営為の一角を占めうるものに過ぎない。戦後、産業社会成立の条件を模索し続けたドラッカーにとって、技術や知識の領域における論述は彼のマネジメント思想及びその思考スタイルの命脈を象徴的に表現するものと考えてよい。さらには、さほど華々しくないものの、そこにはもう一つの野心的試み、すなわち脱近代への通奏低音を聞き取ることさえ可能である。というのも、技術論がマネジメント学者の越権と見なされようとも、それがドラッカー自身の体系的発言の筋道から避けて通ることのできないものであったことは間違いない。ただし、彼の発言が一連の知識や技術の論議において、一貫して傍流以下の位置しか占めえなかったのは、彼の考える技術が後述するようなきわめて限定的かつ特異な視点でしか語られなかった事実と深く関わっている。それはあえて言えば、技術を語らずして技術を語るという一風変わった方法によっていた。特にそれが反ナチズムという抜き差しならぬ危機の政治的発言を経て、すぐれて近代合理主義への批判的意図を濃厚に滲ませていたことも、それに一役買っている。

そのことを傍証するのにさほどの努力は必要とされない。ドラッカーの思考スタイルとは、彼が自ら培い自らに合う、いわば熟練の職人の手になじんだ道具にも似たものとして深化・発展させつつ、常に新たな知的領域に挑戦していくプロセスであった。それは言い換えれば、彼の知的陶冶の過程であるとともに、一流の観察者として「腕を磨いてきた」軌跡でもあった。その知的格闘の過程に見られる一つひとつの課題を振り返るとき、われわれは個別具体的なものごとの理解方法が彼の世界観・文明観と深奥部において共鳴する事実に気づかないわけにはいかない。そこで注目すべきはまさに彼の手になじんだ道具、すなわち思考方法がどのようなものであったかにある。手にした道具とその使用法ほどにその人の世界観を雄弁に物語るものはない。

同時に、産業や組織、ひいては社会構造から文明全般に至る多様な関心領域の一つひとつは細部から巨部まで一貫したスタンスによって差し貫かれていた。しかも、彼の視角や思考スタイルは最晩年にいたるまで初期のそれとほぼ変わらなかったことはわけても注目に値する。彼は二〇〇五年五月に現在進展する技術的変化を語るに際し、次のように述べているのがその現れである。

「知識が社会の中心に座り社会の基盤になったことが、知識そのものの性格、意味、構造を変えた。この断絶こそが最も急激であって最も重要である。実をいうと、知識労働の生産性は一五世紀のグーテンベルクによる印刷革命以来、たいして伸びていない。（略）いよいよ再び技術が教育を通じて文明を変える。（略）情報技術によって教え方が変わり、驚くべきことに、教えることの中身まで変わっていくはずである。(1)」

むしろドラッカーは現代の多様な技術状況から生み出された知識や認識について、ようやくそれらを歴史的かつ体系的に扱いうる段階に入ったと見なしていたことが上記から読み取れる。それは知識と社会との相互交流における絶えざる応答、フィードバックの結果明らかとなった知識社会の一つの中間決算にも相当する見解と見られよう。

人と技術

最初に明らかにしておかなければならないのは、彼は技術者でも工学者でもなかった事実である。彼は客体としての技術を扱う者でもその専門家でもなかった。彼はほぼ独学で技術に関する膨大な知識を身に付けたと考えられるのだが、その知識を政治、経済、社会、教育等の広大な領域における鍵概念として用いている。自らの関心範囲の基本的な性格について彼は次のような説明を行っている。

「技術とは自然のものではなく人のものである（Technology is not nature, but man）。道具についてのものではなく、人がいかに働くかについてのものである。人がいかに生き、いかに考えるかにかかわるものである。（略）まさに技術は人間の延長であるがゆえに、その基本的な変化はわれわれの世界観の変化を現すとともに価値観を変化させる。(2)」

彼は技術を「人」としている。すなわち、それは客観的かつ普遍的な存在ではない。一元的ではなく、多元的・複層的構造をはらむものである。むしろその性質は解釈する側の知覚的次元に属する知識の一形態であって、しかも「人がいかに働くか」についてのもの、簡単に言えば仕事に関わる概念であったことがわかる。そのような考え方は、彼が他に先駆けて主張した知識の概念においても同様である。

技術概念を知識の一領域とするならば、ドラッカーの知識概念は、経験や解釈を不可避とする行為論を包摂する点において、理性主義的知識概念と様相を異にする。ドラッカーにおいては全体と諸部分の総和を異なる次元のものとして捉えるのみならず、さらに機能の過程において認識作用の能動的性格にまで踏み込む側面をも併せ持つものだった。そしてここにこそドラッカーの技術のみならず、あらゆる課題に対して示された解釈構造の原型を読む鍵が存在する。

その点に留意するとき、まずもってドラッカー自身が技術の問題を扱うにあたって強く目を向けることを求めたのが、M・マクルーハンであった。マクルーハンの言説は、ドラッカーの技術理解にあたって、撚り糸の役割を果たしている。彼がマクルーハンの技術論を評価しほぼ同様のことを次のように述べたのはその証左であろう。

「マクルーハンにとって技術とは、人間完成の道具だった。技術によって人間は、自らを変化させ、成長させる。他の動物が進化の力によって新たな器官を発達させるように、人間は新たな道具によって自らを成長させ新たな存在となる。（略）『技術は人の一部である』。(3)」

ここから窺われることとして、ドラッカーの想定する技術とは、主体による事物への内在化、すなわち知覚的認識を介する能動的意味付与と道具との一体化、そして人格的陶冶を促す知識であった。そこにおいては、技術は認識主体の能動的な働きのうえに成立するものとされ、さらに技術は主体に受肉化され一体化されるものであって、その意味ではコートのように着脱可能というよりは、皮膚や器官のように身体の一部をなすものと考えられた。それは主体にとって行為論的次元から一歩進んで存在論的次元、そして責任論的次元にまで融合しうる技術観であった。

知覚と脱近代への企み

ここで指摘できる特徴が少なくとも二点ある。

第一にドラッカーにおける技術観には知覚の重視がある。それは客観的たることに偏重した近代西洋の思想潮流をふまえつつ、その理性主義的病理への新たな論理の提示と考えられる。

そもそも彼の知識概念には二種類が想定される。目的に関する知識（命題知）と方法に関する知識（方法知）である。前者を西洋哲学において追究され、ひいては近代合理主義の要諦を構成した知識観とし、後者をその過程で知識の名に値せぬものとして抑圧・排除されてきた行動のための知識とする。主として『断絶の時代』で強調された「知識社会」は、後者を主としつつ、新たな次元での体系化を志向するものだった。

というのも、いかに多くの命題知を持とうとも、技能としての方法知、すなわち知覚による行動のための知識を持たないならば依然対象に通暁しえず、具体的成果につながる知識と呼ぶことはできない。いかに普遍的知識に通暁しようとも、それだけで現実問題について適切な推論をなしうるわけではない。さらに、ドラッカーにあってはいかに多くの正しい命題知を持とうとも、それらを適切に実践行為に適用できるだけの知識を持たないのであれば行為としての正しさを手にすることもできない。ここで問題とされるのは、命題ではなく方法にある。彼の発した問いに即して考えるならば、「自由な知識社会とは何か」よりも、「知識社会はいかにして自由たりうるか」にあった。

では、推論を適切な行為に結びつけるための方法知とはいかにして獲得されうるのか。思索と実践の反復的応答（フィードバック）を通してなされるとするのが彼の立場だった。技術についても同様である。技術を「人に関するもの」とするならば、そこには人間社会との適切なフィードバックが不可欠なものとなる。そのフィードバックを可能とする方法知への変換装置の一つとして彼が技術を捉えていたことは明らかであろう。

そこには命題知偏重への批判的視座がすでに潜んでおり、かかる価値判断が彼にあったことは明らかである。そもそもというのも、知覚重視の思考法そのものが近代合理主義への批判的視座を形成する推進力となりうる。彼の主として依拠する保守主義的アプローチに立つならば、いかなる技術も知識もその合理性や客観性のみを判断基準とはしない。それがいかなる認識をもって始まり、いかなる構成によるものかは、社会の自律性、人間の尊厳、そして政治的正統性にとって問題とはなりえない。系統的に整序されているか否かにかかわりなくすべての技術が平等に独自の合理性を主張でき、普遍性に対して開かれているのでなければ、自由な知識社会の名に値しないものとなる。

そのように捉えていくとき、もっぱら社会や人間意識に引き寄せて理解していく知覚重視の手法そのものが、技術中心的な視角を通して近代を把握する合理主義の硬直性を暗に批判するものと考えられる。

人間の延長

そして、もう一つの論点は、技術を「人間の延長」と捉えた点にある。ここでいう人間の延長とは何を意味するのであろうか。その点を探求するためには、方法知における知覚的認識の態様をやや別の視角、すなわち道具の観点から明確にする必要がある。

知覚とは意味解釈に関わるプロセスである。ドラッカーの比喩によれば、われわれは「C」「A」「T」の各アルファベットをそれぞれ部分として補助的に使用するときにはじめて全体としての意味（CAT）を獲得することができる。すなわち、全体（「CAT」）と諸部分（「C」「A」「T」）との関係を解釈し、一定の意味を付与する行為が知覚の作用ということになる。

同様の構図を人が「いかに働くか」についての道具としての技術、すなわち仕事に置き換えてみるとどうなるか。比較的新しい道具としてのコンピュータを考えてみるとき、コンピュータ・プログラマーがプログラミングを行う際に、道具としてのコンピュータを焦点的に意識してはいない。もしそうしたとすれば、彼は対象としての仕事を適切に捉えることができなくなるはずである。

同じことは外科医による手術についてもいえる。いかに最新鋭の機器を使用しようとも、外科医は腫瘍の摘出や患部の縫合において道具を補助的に意識するのであって、それらを焦点として意識し制御しようとするならば、動きはとたんに不器用なものとなり、目的達成は不可能となるはずである。この場合、外科医が焦点的に意識するのは、患部治療という目的であり、道具の働きは目的に対して知覚的に統合されなければならない。これが「部分は全体との関係において存在しうるに過ぎない」の意味である。

すなわち、道具とはそれが補助的に意識されるときにのみ、全体の有機的体系において意味を持つ。換言するならば、道具としての技術は補助的に意識し使用される限り、主体の延長ないし一部となる。これがドラッカーの言う「技術は人間の延長」の真意であろう。すなわち、そこでは技術は人間の一部であり、それなくして現実を知覚することのできない「器官」となる。それがゆえに、その基本的な変化はわれわれの世界観の変化を現すとともに価値観を変化させる。いわば皮膚のごとく有機体の内部と外部のフィードバック器官として機能する。

さらにドラッカーにあっては技術とは知覚的次元のみならず、行為論的次元によっても捉えられてきた。彼は知覚の作用による構造を存在論、責任論に拡張することで新たな地平を切り開いている。技術と主体との関係性を事物と意味の関係性に一般化して考えてみると、知覚による意味把握とは、単に特定の技術が主体に外在するものとしてではなく、目的論的有機性を獲得する限りでそれを主体に内在化し、主体の一部をなすものとならなければならない。その場合、技術とは主体と一体化する点において、存在論に融合される。

そのとき技術は人間意識の一部に取り入れられることで、実践という形をとって人格的なコミットメントをもはかられる。その認識・実践に関わる一連の行為は主体による能動的関与、責任をともなう選択を不可欠のものとする。かかる知覚的統合によって獲得される技術は、それがいかなるものであれ、認識主体と密接不可分の関係性を有することになる。すなわち、技術の使用には人格的責任がともなう。そのことは、行為論的知識が意味解釈と実践的適用を経ることで、主体の存在の一部をなし、認識主体の人格、責任に融合することを意味する。

技術のメディア論的次元

このようにドラッカーにあって技術とは存在論、責任論に至る人間の意識レベルに同化されうるものとして捉えられた。それは、技術がメディア論的次元において捉えられたことをも意味する。ここで言うメディアとは、

M・マクルーハンの使用した語彙と基本的には同義である。マクルーハンの用語法に従うと、メディアとは単に情報伝達機関にとどまるものではない。マクルーハンの考えでは、人間の身体器官の機能を拡大する人工的な装置はすべてメディアである。情報伝達機関としてのメディアは、特に視聴覚の感覚器官の拡張に相当する。すなわち、メディアとは「人間を拡大する技術」であること、そしてその引き起こす変化は、技術としてのメディアがもたらした新しい尺度に由来するものと考えられた。マクルーハンによる発言として『メディア論』に見られる典型的なものを二つほど例示してみたい。

・「タイプライターは、活字がもたらした従来の動向をさらに堅固なものとし、綴りと文法を規制するのに直接的な影響があった。」

・「電話が社会にもたらした最も意外な影響は、赤線地域を廃止しコールガールを生み出したことだ。[4]」

前者では、タイプライターという技術は、社会という一つの経路（チャネル）をたどって、結果として標準的な語法や文法を創造するのに力を発揮したと主張される。後者では、電話の出現によって、風俗街は物理的な区画に存立する必然性を急速に失い、結果としてそれらは消滅の方向に向けられるとともに、移動体としての新たな形態での出現を促したものと主張される。ともに、社会的・人間的知覚作用の帰結として生じた変化であり、技術そのものから必然的に導き出される現象ではない。そこでは客体としての技術よりもそれに対する人間社会の側の意味解釈、そしてそこから引き起こされる行動変化がその本質と捉えられている。

マクルーハンが述べたのは、メディアにとって意味を持つのはその実質的な内容ではなく、メディアそれ自体であるといったことだった。それをマクルーハンは「メディアはメッセージ」という切れ味の鋭い一文を持って表現した。そのようなメディアの理解をドラッカーの思考法は忠実に反映している。というよりも、ドラッカー自身はマクルーハンに見られる「人間の拡張」の語彙を意識的に使用したものと見られる。一例として、『断絶の時代』には次のような表現がある。

「今日のグローバル経済は、映画、ラジオ、テレビという新しいメディアによってつくり出された一つのパーセプションである。（略）世界は、マーシャル・マクルーハンいうところの地球村となる。今日の大陸間の関係は、一八、一九世紀のスラムと高級住宅街よりも緊密である。（略）これらの電子メディアは、物を伝える。経済を伝える。グローバルなショッピングセンターを生み出す。これもまた新しい現象である。しかもそれは、新しいコミュニティを生み出す。[5]」

ここで彼は人間拡張の諸相として、すなわち知覚（パーセプション）の補助作用としてのメディアとしての技術に着目しているばかりか、その延長線上にあるマクルーハンの概念「地球村（global village）」の到来さえ確かなものとして受け入れている。

技術の発見――マクルーハンとドラッカー

先に道具はそれ自体が世界観を反映すると述べた。技術をメディア論的に捉える手法は、ドラッカーの世界観の鍵となるアプローチである。かかる彼の考え方を見事にコンセプトとして示し、言語化に成功したのがマクルーハンだった。マクルーハンが活躍した一九六〇年代、そして七〇年代のはじめについて、ドラッカーは次のように記している。

「あの一〇年は、外観だけが反技術だったに過ぎなかった。実際には、技術はあの一〇年に発見されたのだった。(6)」

この「技術の発見」なるフレーズに込められた思いが、ドラッカーのマクルーハンへの畏敬の念を如実に表現するものといえる。では、そのフレーズに対応するマクルーハンの思想内容とはどのようなものであったのだろうか。少なくともそこにはメディア論的次元を意識的に採用した理由がなくてはならない。

ドラッカーの技術観をメディア論的に読み解いていくとき、その理解にはマクルーハンとの類同点を追求するほうがより効果的とさえ言える。まず容易に指摘可能なのは、ドラッカーとマクルーハンの二人にあって、印刷技術に格別の地位が与えられる点である。むろんそれは単なる偶然ではない。そのことはある企みを静かに反映するものと見てよいであろう。その根拠はむしろマクルーハンの側からのドラッカーに向けられた発言によって明瞭に知ることができる。

「ピーター・ドラッカーは……われわれの時代の『技術革命』について次のように述べている。『技術革命について、これまでどうも明らかでなかった点がひとつある。それはこの点が明らかにならないかぎり技術革命についての真の理解が得られないほど重要な点だ。つまり、それは技術革命を解き放つことになった変化、人間の姿勢や信念や価値観における基本的な変化が生ずるために、その前に一体何が起ったのか、ということである。いわゆる科学の発達それ自体は、わたしがこれまで示そうと試みてきたように、この根本的変革とはほとんど関係をもたなかった。しかしながら技術革新に先立つこと一世紀前に、一大科学革命をもたらした世界観における一大変革のほうは、どのくらい〔今日の技術革命に対して〕責任を持つものであろうか』。本書は少なくともドラッカーのいう『これまでどうも明らかでなかった点』が何であるかを解き明かす試みである。(7)」

彼の言う「本書」とは、主著『グーテンベルクの銀河系』である。本書はドラッカーの言う近代を成立させた変化を探求し、それに回答を与えることを企図して書かれている。そこで探り当てられた動因がよく知られるように印刷技術の発明だった。

技術の機能条件と脱近代への試み——印刷技術の解釈をめぐって

それでは、メディア論的次元で印刷技術とはどのように捉えられるのだろうか。マクルーハンの発言の要旨はメディアを人間そのものの拡張と捉えた点にあった。彼の頭脳を捉えた主要な問題関心とは、メディアとしての技術であったことは間違いない。しかし、人間意識の外化をともなう技術は歴史上多くあれど、印刷技術およびそれによって「発明」された印刷本だけが破格の扱いを受けるのはなぜか。

まず、書き文字の誕生から印刷技術の発明を経て、近代社会は印刷された文字の影響を多分に受けて成立したものとする。文字文化の特徴は、第一に視覚優位にある。そこでは知覚の働きよりも、精緻な分析や緻密な論理構成のほうにより高い説明力が付与される。あるいは、具体的な事物よりも認識の客観性、抽象的な理念や体系のほうに価値があると見なされる。それらの観念は文字文化の爆発的普及の結果として立ち現れた文明史的な認識構造の変化と捉えられた。その一つの帰結として、世界を分節化し、物質化し、空間に配置することによって、世界や自然を整序すべきとする考え方が人々の頭脳を支配する。すなわちドラッカーが「近代合理主義」として批判対象とするところのものが印刷技術を起点として成立していったとする見解である。『グーテンベルクの銀河系』が提起した野心的論点とはまさにそこにあった。同書の副題は「活字人間の形成」（*The Making of*

Typographic Man）である。メディアを人間の意識が拡張されたものと考えるならば、近代人とは活字人間たらざるをえない。そこから近代なる人間理性の銀河系が創生されていったとする。

同様の思考様式はドラッカーにおいても見られる。たとえば、ドラッカーは「活版印刷が知識とすべきものを規定した」事実を率直に受け入れ、自らの知識観の礎とするのみならず、その帰結として「印刷された本が教授法と表現法だけでなく教授内容まで変え、結果として近代大学を誕生させた」ことをも事実として認めている。印刷技術によって大量生産されるにいたった印刷本の出現を、単なる産業上の部分的な技術規定から区別して、世界観そのものの成立の基盤から問題とする。印刷本を近代合理主義を創造したメディアと捉える。彼はさらに進んで、そこから「西洋」なる普遍的全体を把握する立場が生まれ、そこから近代の思想やイデオロギーが立ち現れるにいたったとの見解を示している。

いずれにせよ、彼は技術をメディア論的次元で理解したために、印刷技術を真の情報革命であり、人類の文化・文明を変えたものと洞察しえた。近代なる思考様式の全体が徹頭徹尾印刷技術の浸透に関係し、また技術と社会との相互の文化的基盤に関係するとの認識をも示している。技術とは彼にあってその時々の社会的存立形態と結びつき、存在と意識を変革させうる運命的な結合と見なされた。

認識作用の能動的性格

ドラッカーにあっての技術論とは単なる認識レベルのみではなく、同時に存在論にも接続することを先に述べた。仮に一般的な技術概念を「人が何をいかにして知り、実践しうるか」に関する領域とするならば、それは人間の認識のみならず存在論をも内包せざるをえない。

合理主義的人間理解からすれば、技術は理性概念たらざるをえない。したがって、技術とは客観性と普遍性を意味するものとなり、同時に主観的で偏見をはらむ知識はその名に値しないものとなる。

しかしドラッカーの技術観は、主観や偏見を不可欠とする存在論レベルを包含する意味で、理性主義的技術概念とその様相を異なるものとする。むしろドラッカーの所説はその技術に関する思索の出発点において、認識作用の能動的性格にまで踏み込みつつ、そこから最深部で一挙に近代合理主義批判に接続するものだった。

すなわち、印刷がわれわれの意識をテクスト経由で形成するよう圧力をかけ、そこから一定の客観化を過度に重んずる思考様式を生み育み、ひいては新しい制度や文物、そして新しい人間像・社会像が形成されていった。とするならば、彼は近代を創造した印刷技術および印刷本について思いをめぐらせ、その意義を十分認めた上で、それを部分的に乗り越えなければならないという。そこに彼の近代批判の要諦がある。

そのような企みは彼のマネジメント著作の随処にも見え隠れする。初のマネジメントの体系的書物『現代の経営』（一九五四年）において、「われわれの文明は、印刷された書式の魔力にとらわれている」との見方を示す。書物の成立に近代そのものの形成プロセスを見出し、近代人がその呪縛にとらわれているとの見解の一例である。

そもそも彼の技術観を吟味するにあたりマクルーハンが重要となるのは、マクルーハンがそうした脱近代的なアプローチによる技術理解、すなわちメディア論的視座の出発点を提示したためだった。それがドラッカーが暗黙のうちにとる思考方法を言語化し、技術、社会、文明を意味論的に紐付ける撚り糸の役割を果たした。

では、近代を乗り越える方法とはどのようなものであったのか。それは因果的なものというよりも、むしろ事象がいかに解釈・適用されたかに力点を置くものとならざるをえない。同時にそこでは、技術の問題が、人間社会の意味、解釈、行動、責任の問題に置き換えられて理解されなければならない。次のような記述がある。

「知識とは、本に書かれていることである。しかし、本にあるだけでは、たんなるデータではないにしろ、情報に過ぎない。情報は、何かを行うことのために使われてはじめて知識となる。(8)」

「『教育ある人間』は、『人文主義者』の『教養課程』に見られるような書物偏重主義を克服しなければならない。さらに『教育ある人間』は、分析的な能力だけでなく、経験的な知覚をもたなければならない。(9)」

メディア論が人間の拡張を意味する限り、近代世界にあっては印刷物が世界の窓となる。印刷物を通して知識の内容と範囲が規定され、高等な解釈機能を含む全神経が印刷物を通して働くことになる。そのような限定的な視野から眺められた世界は、均質な断片の組み合わせに過ぎなくなる。まさに、印刷とは「脳に直接差し込まれたレンズ」であって、そのために他の機能に支えられなくなった意識は一種の麻痺状態にある。本来形態に意味を求めてやまぬ知覚機能は眠ったままである。そこから部分的に脱すること、ここにこそドラッカーの解釈構造全般を解明する鍵が存する。

文明の対話装置

上記の解釈方法とは、必ずしもマネジメントを本格的に論じるようになる戦後のことではない。むしろ戦前から彼の思考システムに内在するものでもあった。彼の依拠した保守主義の方法論とは、因果的説明によって社会的諸現象の問題を解くことを意図するものではなく、対話論的な相互理解という異なる原理を提示するものだった。ドラッカーは技術革新の教訓として「技術自体の変化よりも、それが教育や学校のあり方、内容、焦点に引き起こす変化のほうが重要」としている。知識に関する専門教育の失敗を例にとり彼は次のように述べる。

「専門知識を一つの『知識体系』へと統合することのできない『教養課程』や『一般教養』は、『教養』ではない。『教養』としての第一の責務、すなわち相互理解をもたらすこと、すなわち、文明が存在しうるための条件たる『対話の世界』（universe of discourse）をつくり出すことに失敗しているからである。[10]」

ここで彼は「対話の世界」の創造を文明継続の条件としている。対話とは受け手の側の能動的な理解や解釈によって成立する。能動的理解や解釈とは、対話におけるメッセージ内容が責任を伴いつつ選び取られたことを意味する。その場合、技術を因果の連鎖としてでなく、対話装置と見なすとき、その意味解釈、行動、責任の真の担い手とは発明者でも技術それ自体でもなく、同時代の社会全般、そして社会を構成する人々の学習能力と想像力、倫理観、教養の度合いに依存せざるをえない。すなわち、技術波及の結果自由な文明社会がもたらされるか否かは人間社会それ自体の能力次第となる。冒頭での引用「技術が教育を通じて文明を変える」とはそのような対話的技術観に立脚するとき、その真意を理解できるように思う。

技術が社会との対話とフィードバックを促す装置として、人間における意識活動の総体に働きかけるとき、ドラッカーが「文明」と呼ぶところのものの転換に大きく関わることとなる。その転換はひいては社会のルール、慣習、価値観、そして人間の意識にまで及ぶ。彼が技術を捉えるにあたって、「実用の知識」「技能」「テクノロジスト」という言い方でその実際性と人間的次元を問題としたのは、技術に働きかけつつ技術に働きかけられるその動態的・能動的コミットメントを強く意識していたからにほかならない。その意味では、彼の技術論を取り上げるにあたって、社会的対話装置における方法が重視されてきたのは、いたって当然のことであった。

ここで彼が展開した論旨を追っていくとき、われわれはすでに初期の著作から、対話的世界の創造の観点から社会というテクストを読み込んでいく視点が、すでに共有されていたことに気づく。この見解は、歴史的・社会的対話の中で是認された価値観や信条を相対的に信頼に足るものとし、政治的正統性の淵源と考えた保守主義的な一定の視座とも符合する。

しかし、対話的視座への接近がより顕著になってきたのは、やはり分析の対象を産業社会の中心機関たる企業に定めた一九四〇年以降であったといってよい。その表れとして、マネジメントを構成する主要なコンセプトの一つひとつ、マーケティングやイノベーション、意思決定、戦略論といったもののアプローチがしばしば異なる視点の対話的枠組みによって捉えられ、議論が深められてきた事実がある。しかも、それらは多くの場合、人間社会そのものの発展の舞台を提供するものでもあった。彼はそうした視点からあらゆる事象を社会的対話のコンテクストのうちに捉えていった。

では、そのような視座にもとづくアプローチはどの程度妥当性を主張しうるであろうか。

まずもって彼がそのような視座をとった最大の理由とは、技術そのものを合理的に捉えていく理解の仕方が、その社会的展開過程における多元性や複層性、偶発性を切り落としてしまう危険性があると見たためであろう。そこでは単に物事を因果の連鎖に還元することなく、その展開過程そのものをあたかも自らの生命力をもって繁茂する緑の自然を見るかのごとき視点で捉えていく思考が存在する。その意味では技術に対する視角ほどに自律的存在としての人間社会を尊重する彼の価値判断が明瞭に表現されるものはない。彼が好んだ言い回しを応用するならば、重要なのは社会の「技術」化ではなく、技術の「社会」化にあった。その際、彼のとる姿勢には他の領域の言説にも共通するいくつかの特質がある。その方法論的基盤に迫っていくとき、次のような諸点が確認される。

(1)　近代合理主義とドラッカー的な技術観との間には、実質的また方法論上で基本的な相違が存在し、少なくとも人間社会の考察の原理として近代合理主義は不適当である。近代を乗り越える技術や組織を構想するためには、それ自体を一つの対話装置と見なす必要がある。その観点からメディア論的次元における理解が不可欠のものとなる。

(2)　歴史において立ち現れた技術の意味を探索するということは、それによって触発される意味、行動、変化を理解することでなければならない。それは技術を事実とその因果連関についての単純な客観的蓄積ではなく、社会的応答過程における内的連関の理解を重視したものとする必要がある。

(3)　ある歴史的な時期におけるあらゆる事実や出来事は、意味解釈という観点から説明しうるものであり、またその意味は常に他の予測不能な無数の意味と関わりを持っている。ドラッカーの技術論は、そこにいかなる意味を見出すかという解釈と行動における能動性の観点から捉えうる。

(4)　そうした観点から、ひとたびある技術が社会に放たれたならば、社会的現実の様相がその意味や価値を複合的に決定することになる。それはその技術が社会に「責任を伴いつつ選び取られる」過程といってもよい。その態様とは還元主義的なアプローチでは把握不能なものであり、むしろ形態として知覚されるものとするのがドラッカーの立場である。

そのような技術の理解方法は、因果論的な見解を完全に排除するものではないが、必ずしも理解への歩調をともにするものでもない。社会的対話装置から紡ぎ出される点において、そのようなアプローチが単にマネジメントの理解の手段としてだけでなく、ドラッカー的思考ともいいうる思想的位置づけを基礎づける上でも見逃しえない視点をなすことは確かである。

銀河を越えて

ドラッカーの著作に通底する一連の視座が、近代合理主義なるものへの懐疑、あるいはその限界への認識に発しているのはまぎれもない事実である。そして、彼が主張するポストモダンなるものは、精神的立場や思考様式が、その背後にある歴史的・社会的に決定された存在につなぎ止められた状態を問うとともに、そこから一歩進んで世界に本来内在する自律性と主体的個との有機的相関にもとづく関係性の再構築に結びつくものであった。

彼がその主張の中で、デカルトやルソー、マルクスなどを名指して、社会的存在と理念との間の利害関係の結合、そしてそこから当然に導出される必然の進歩なる概念を野蛮で暴力的なシステムと断定するのは、そこに見られる合理からの束縛を一義的に主張する立場から脱却して、新しい社会的認識を切り開こうとする野心を示していた。彼にとって、組織のマネジメントをはじめとする方法の探索において、変転きわまりなき社会との関係で、それは途方もない多様性の追求と同義であった。価値観や認識、信条を単純に特定の理念に従属させるきわめて粗っぽい方法は我慢のならないものだった。その問題意識を明確化させるにあたり、組織のマネジメントとともにもう一つ立ち現れる重要なコンセプトが技術、知識であった。

再び彼自身の言葉を引くと、彼は一四五五年のグーテンベルクの印刷術の発明よりも、その後六〇年を経て社会に立ち現れた低価格かつ大量頒布の印刷本の普及に実際的な意味を見出している。彼の技術観を象徴するとともに、当該技術の持つ人間的・社会的影響に焦点を合わせたことを示している。彼は技術の本質を技術以外の自律的で多様な人間社会の能動的な解釈と行動、責任に見出したのだった。

こうしてドラッカーは、その時々に変転の圧力に晒される世界を捉えるために、いかなる技術がいかなるメディアを通して、いかなる社会形態が形成されるかを問うことになる。そこにおいてこそ世界と世界観のブリッジを担う概念が、モダン、ひいてはポストモダンといった文明史的視野を提供した。技術は新文明の対話装置であり、新社会の酵母であった。

他方でテイラー主義を高く評価したことからも知られるように、産業社会との関係では、ドラッカーの技術観は合理による体系を補完しているように見える。しかし、彼の技術に関する叙述をさらに深く読んでいくと、ポストモダンという歴史的視点の導入にも見られるように、決して大組織との結びつきによる生産性のみを意味するものではないし、また産業社会に一義的ないし因果的に関係づけられるものではないことがわかる。

むしろ、ドラッカーの技術に関する一連の見解は、より広い文脈に発する彼の世界観たる正統保守主義におけるアプローチの重要な支流をなすものと考えてよいであろう。しばしば指摘されるように、初期の三部作（『経済人」の終わり』『産業人の未来』『企業とは何か』）で、すでに方法論や理論展開はほぼ確立されている。かかるアプローチとはその背後にある世界観の基礎的性向の表れであり、その創造者こそがメディアとしての技術であった。

いずれにせよ、そうしたドラッカーの時代認識や世界観、基礎的方法論をたどっていく限り、技術をめぐる議論が単に組織のマネジメントを補完するものというよりは、むしろそれ以上の深い奥行きを持って彼の基礎的視座に迫るものであることがわかる。それを明らかにするための一つがメディア論的次元からの接近であった。

「今日の電子時代にあってはデカルトは粗略にあつかわれはじめている」[11]――。マクルーハンはこんな暗示的言辞を吐いている。印刷による活字メディアがデジタル化するとき、それは形態としてのメディアとともに、人間の大脳に差し込まれたもう一つの眼が根源的な変化を余儀なくされることを意味する。脱近代が現実化しつつあるなかで、次なる世界がどのような相貌をとるのかはまだ見えていないものの、ドラッカーならそれが自由な知識社会になるかそうでないものとなるかは現に二一世紀を生きる君たち次第だと言ったに違いない。

【注】

(1) ドラッカー（二〇〇五）。
(2) ドラッカー（二〇〇七ａ）、三七八～三七九頁。
(3) ドラッカー（二〇〇七ａ）、二八五頁。
(4) マクルーハン（一九八六）、二七〇～二七四頁。
(5) ドラッカー（二〇〇七ａ）、六六～六七頁。
(6) ドラッカー（二〇〇八）、二八五頁。
(7) マクルーハン（一九八六）、五～六頁。
(8) ドラッカー（二〇〇七ａ）、二七六頁。
(9) ドラッカー（二〇〇七ｂ）、二七〇頁。
(10) ドラッカー（二〇〇七ｂ）、二七四頁。
(11) マクルーハン（一九八六）、三七三頁。

【参考文献】

Ｐ・Ｆ・ドラッカー／上田惇生訳（二〇〇七ａ）『断絶の時代』ダイヤモンド社。
Ｐ・Ｆ・ドラッカー／上田惇生訳（二〇〇七ｂ）『ポスト資本主義社会』ダイヤモンド社。

P・F・ドラッカー／上田惇生訳（二〇〇八）『傍観者の時代』ダイヤモンド社。

P・F・ドラッカー（二〇〇五）（インタビュー（五月七日実施）『週刊東洋経済』二〇〇五年七月二日号）。

M・マクルーハン／森常治訳（一九八六）『グーテンベルクの銀河系』みすず書房。

M・マクルーハン／栗原裕・河本仲聖訳（一九八七）『メディア論』みすず書房。

第9章　社会生態学

——知の新領域を開く

阪井和男

社会生態学とは何か

ドラッカーは自らを社会生態学者と規定した。彼による明確な自己規定はこれのみである。社会生態学の役割は「見て伝える」ことにある。ここでドラッカーにおける合理性とは、因果性や無機的運動にはない。対象はそれぞれに自律性を持つとし、それぞれの合理性を持つものと考える。

合理性の根拠とは、五感による理解、すなわち認知や認識に求められる。社会生態学とは、認知の対象としての世界を現象的にであれ物理的にであれ、正確に記述し表象することがすべてである。

彼は実証主義、構成主義による単純な世界像にもはや与せず、むしろ自然発生的で高度に組織化された秩序のほうに思いを馳せる。彼にとって、市場や組織といった社会的制度は、あたかも生命体同様である。

ドラッカーは社会的構成物も自律的運動体、一定の目的を志向する存在とし、そのアプローチはまず自然生態が持つ自律性を社会に拡張する。意図的に設計されたのではない秩序が、それ以外の仕方では持ちえない合理性を持ちうることを承認する。

彼にあって、政治、社会、市場、企業、NPO等みなそれぞれが生命体の比喩で語られ、ゆえにそれぞれの事後的な規範、秩序、合理性を持つ。そこではモダンの文脈からすれば「不合理」なものも、一定の自律性を持つゆえにその行動様式を尊重せねばならないとする。たとえば顧客について彼は言う。

「顧客の、不合理に見える側面を尊重しなければならない。不合理に見えるものを合理的なものとしている顧客の現実を見ることこそ、事業を市場や顧客の観点から見るための最も有効なアプローチである。これこそ、市場に焦点を合わせた行動をとるための最も容易なアプローチである。」(1)

観察の方法

ドラッカーの観察の際、重要な視角を提供するものがパターン観察である。パターン観察は、一定の現象の動態的構造を見抜くための手法である。特定の運動が生じる原則を説明し、その知識にもとづいて、ある帰結が起こる可能性を排除ないし助長しうるかを見きわめる。

本来複雑な社会が非周期的運動を繰り返すものとすれば、その位相点が収まるであろう範囲はある程度予測できるにせよ、それが特定のどの時点かについては予測不能である。ドラッカーは未来予測について次のように述べる。

「われわれは未来について、二つのことしか知らない。一つは、未来は知りえない。二つは、未来は、今日存在するものとも今日予測するものとも違う。これは、新しくも驚くべきことでもない。だが重大な意味をもつ。第一に、今日の行動の基礎に、予測を据えても無駄である。望みうることは、すでに発生したことの未来における影響を見通すことだけである。第二に、未来は今日とは違うものであって、かつ予測できないものであるがゆえに、逆に、予測できないことを起こすことは可能である。もちろん、何かを起こすにはリスクが伴う。しかし、それは合理的な行動である。何も変わらないという居心地のよい仮定に安住したり、ほぼ間違いなく起こることについての予測に従うよりも、リスクは小さい。(2)」

予測といってもその当否そのものよりも、現在の状況から未来に向けて正しい問いを発し、それを行動の指針とする点に重要性が見出される。

ドラッカーにおける予測は、正確には未来を予め知ることにさほどの力点は置かれていない。むしろ人々が望ましい未来に関する選択肢、シナリオの提示に重要性が見出される。さらに、ある構造、パターンを出現させる原則はそれを可能とする条件を明らかにするために、その構造が社会の自律性を維持するにあたって望ましいものか否かを見定める材料を提供する。

ドラッカーによるシナリオの提示は、人為的な制御のためのものではなく、むしろ人間の想像力を刺激・啓発し、未来を創造すべく行動に駆り立てる。

すぐれた医師同様に、自らの医学知識は人体環境のわずか一部をなすに過ぎない事実を認め、すべての諸力を管理するのではなく、治療対象の全体を視野に収め自然の生命力の涵養に努める。

パターンとリズムの世界

ドラッカーは対象を特定の原理で裁断することを極度に嫌う。まず虚心坦懐に事物と向き合い、対象が持つ合理、そして不合理性の可能性を観察し、記述しようとする。そして、そこに合理性が見出されたならば、それを可能とする原則を、多くの場合その事物が特有に持つ形態、パターンの俯瞰から解明しようとする。ドラッカーのいう社会生態学的アプローチとは、いかなる条件でいかなる帰結が生じるのかについての定性的分析にとどまる。いかなる価値判断が自生的な秩序をもたらし、いかなる価値判断がそれらをもたらさないのかを丹念に探る。

そこでは、性急な原理の措定によることのない、漸進主義を旨とする保守性が重要な要件となる。社会生態学的アプローチの一つの特徴とは、生命体としての観察対象における原則説明がある。それは、いかなる条件の下でいかなる結果が生ずるか。ここでいう原則とは、近代科学における一元的原理と異なり、思考と行動のための実践体系といった意味合いを持ち、それ自体多元性と具体性を包含する。社会が機能する基本原則が理解できたならば、そして人間が社会の秩序に合理的な意味を認め、それらを尊重し継続を願うならば、人間は基本原則に反する行為を行うべきではないということとなる。その原則に反する行動は、複雑かつ人為的に再生不能な制度としての社会を破壊する。

同様のことは、企業についてもいえる。企業における秩序に一定の合理性を認めるならば、そこに関わる人々はそれを可能とする原則に抵触する行動をとるべきではない。あるいはその原則の伸長を助ける行動をより多くとるべきということとなる。

このように、複雑さを前提とした分析において可能的な原則説明の意味は、原則に抵触する行為を抑制することと、そして原則の伸長を助ける行為を奨励することにある。

還元不能の世界

他方で、ドラッカーもある種のモデル構築的手法を取り入れてはいる。モデルといっても、定量モデルや数理モデルではない。あくまでも生態的システムによる思考枠組みといった程度の意味合いである。いわば、秩序の進展に不可欠な原則による定性モデルである。むろんモデルとは模造であって、対象のすべての特質を表現しうるものではない。

モデルが対象そのものでない以上、モデルと対象を架橋する豊かな想像力が必要とされるのは論を待たない。想像力を活用するアナロジカルな解釈は、ドラッカーによる文明批評の要諦をなすものであり、そのことは同時に、全体から直観的に問題の所在を探り当てる特有のイメージともわかちがたく結びついている。重要なのは、モデルそのものではなく、それを通じて明らかにされる形態的原則である。すなわち、形にその事物の本質が表象されるとする信念にもとづく方法論である。

その意義は主体による解釈を通じた複雑な社会現象の根底にある原則の探究に求められる。さらに、解釈によって構造の同型性が洞察され、記述されることとなる。一定の性格を備えた構造の理解について効果を発揮する。パターン観察はある一定の性質を備えた秩序、構造の出現や消滅を予測する。その性格は否定的な場合もあれば、肯定的な場合もある。ユダヤ人の大量殺戮やソ連の崩壊が予測されることもあれば、戦後日本経済の興隆や知識社会の到来が予測されることもある。価値判断については基本的には中立的である。

日本の断絶——「劣化する知性」の問題

次に現代を覆う日本社会の問題を断絶の概念を切り口に考えてみたい。最近、日本の社会の現状を見て感ずるのが「劣化する知性」である。こうとらえた途端に教育の役割が浮かび上がってくる。今日は日本、断絶、そして教育の問題を考えたい。

まず断絶のモデルと意味であるが、日本の断絶についてドラッカーは、『断絶の時代』の日本語新版の序文の中で、政治の危機、政党の役割の低下、政府への信頼の喪失を指摘する。

「変革が激しく目を引くのに対し、断絶は静かに進行する。地震や噴火として現れるまでは、気づかれない。」(3)

断絶は静かに進行していく。そして突然変動が起きる。「その原因は地殻変動としての断絶にある」とドラッカーは言う。

「成長する砂山」は一つの断絶のモデルになる。想像してみてほしい。砂粒をある一カ所から落としていく。やがて山ができる。繰り返していくと、次第に山は高く尖ってくる。これは地殻変動に相当する。ぎりぎりまで高くなったあるポイントで、たった一粒砂を落としただけで、なだれを打って山は崩れる。これが大変動である。

では最後の砂粒の能力だけでなだれが起きたのか。現実にそれが引き起こしたのは確かながら、いつなだれが起きるかは予測できない。因果関係があるようでないし、見えない。どの砂粒であってもいずれ起こる。しかも、その下に積もる砂粒のそれぞれの微妙な角度と組み合わせ、それによっていつ起こるかは全く変わる。唯一言えるのはぎりぎりまで高くなったときに、必ずどこかでなだれが起きる。それだけである。

自己組織化臨界現象

この問題は「自己組織化臨界現象」と言われる。Bak が一九八七年に初めて議論し、*Physical Review Letters* に書かれた有名な論文である。多くの要素が密接に関係しているシステムで起こる。砂粒を落としただけである。

物理学者の常識からすると、臨界状態とは、極低温、強磁場など特殊な状況、つまり実験環境として無理に作られた中で初めて観測できた。ところが Bak の論文はごく自然に普通に砂を落とすだけで、しかも臨界状態が自己組織化されることが示唆される画期的なものだった。臨界状態が常温の状態で、しかもそんなに簡単にマクロな状態で起こることに当時の物理学者はみな驚いた。

そんな変化が起こるとなると、変化の規模、時期は原理的に予測が不可能である。いつか起こるということしか分からない。その意味で、そのモデルで説明できるのならば地震や経済危機も予測不能となる。

唯一秩序がある。「べき乗則」である。なだれの大きさ、それから起きる回数の間にきれいなルールがある。大きさが二倍のものは一／二・一四倍起こる。つまり大きなものは次第に頻度が少なくなる。起こる回数はゆっくりとしか減衰しないので、どんな大規模ななだれでも起きる可能性はゼロではない。

山火事、戦争の死者などは同じ理由で全て予測不可能ということになる。つまり、どんな大規模なものでも起きる可能性はゼロではない。自己組織化は必ず起こるかというとそうではない。砂山の実験でも、同じ場所に落とし続けるのがポイントである。場所を変えると山は高くならないから自己組織化は起きない。二つの領域が満足しないと、実は起こらない。

この大変動を感知する方法はあるか。実は、これはドラッカーが言っていたことである。どんな地殻変動が起きつつあるかをパターン観察する。それを感じ取ることによって、ドラッカーは意味を読み解いてきた。

地殻変動の諸相

では、日本社会の地殻変動はどんなものがあったか。目につくのは、日本人口の超長期推移である。西暦〇年から二〇〇〇年の超長期で人口の変動を見ると、ほとんど一〇〇〇万以下だった。江戸時代には享保の改革(一七一六年)で三〇〇〇万人になった。それから明治維新(一八六七年)で急激に増加し、人口爆発と言われる。将来、急激に落ちていくのが分かっている。今は坂道を転がり始めたところである。これを毎年の変化分として調べると、第二次大戦で激減から激増に転ずる。その後ベビーブームでピークが来る。そこが変局点の一九七三年である。あとは一貫して減りつづけ、やがてマイナスになる。

大学進学率を見てみると、一九六三年まではエリートの時代であり、一五％以下である。一九七〇年はわずか二〇％台である。現在は、二〇〇五年からはユニバーサルの時代、つまり一八歳人口の五〇％以上が大学へ入る時代になっている。エリートの時代の高等教育は特権としての教育だった。マスの時代の権利としての教育に、そしてユニバーサルの時代は義務としての教育に変わってきている。高等教育が普遍化した。一体どんな大変動をもたらすのか。

一九七五年、自宅で死ぬ人の割合のほうがはるかに多かった。七五年以降、病院で死ぬ人が圧倒的に増えた。病院で死ぬだけでなく、病院で生まれる。病院で子どもを産む。生死というものが非日常化してきた。これが一体どんな大変動を起こすのか。

東日本大震災後の世界――リーダーを育てる

さらに一九五五年以前に生まれた人と、一九六五年以降に生まれた人で著しく違う。何が違うか。以前の人は、自分に不安だった。以前は自分が頑張れば、家族を養い、会社を大きくし、日本は発展すると考えた。「自分が頑張れば」というわけであるから自己実現型である。

ところが以降の若い人は周りに対する不安が強い。協調を大事にする。だから次世代の若者たちが持つ資源は協調型である。今後は協調型に大きく変わることでどのような大変動が起きるか。

そこで断絶、地殻変動の諸相が見えてくる。ドラッカー自身は一九六五年から一九七三年の間のどこかで世界が変わったと言う。アメリカでは大体一九六八年から一九六九年になるが、日本の場合には一九七三年か一九七五年が一つの大きな転換点になる。

生産人口が減少し、高齢化で成長が鈍化した後に競争が激しくなる。教育では近代型の限界が露呈してくる。

人間の尊厳の希薄化である。むしろ協調型社会へと向かっている。そして二一世紀の大変動を迎える。そう思っていたところに、東日本大震災が起きた。二〇一一年三月一一日である。当初マグニチュード九・〇とされたのだが、後に九・一に修正されている。

筆者は一カ月後に大船渡市に行った。地震は砂山モデル同様にいつ起こるか分からない。日本が気にするのは、東海沖、南海沖などであるけれども、そこで大きな地震は起こらずに、ほかのところで起こっている。日本は四つのプレートが合わさるところに位置する。あと数億年すれば、日本が世界で一番高い山になって、世界中の大陸が全部一つに集まるとの予測もある。だから日本で地震がどこで起きるかは分からず、頻繁に起きることだけが確かである。

東日本大震災はある意味で強烈な経験をわれわれに与えてくれた。一つの大変動に向かって、時代が大きく変わっていく、その変わり目にわれわれは居合わせている。これまで明治維新、第二次大戦など、復興と変貌を遂げるのに二〇年かかった。明治維新からは富国強兵、二〇年後に大日本帝国憲法が成立した。第二次大戦の後、二〇年後には、東京オリンピックである。

その流れで行けば、東日本大震災から二〇年後となると、二〇三〇年あたりである。二〇三〇年には変貌を遂げた新しい日本ができていると予測される。この二〇年、現在の一〇代から二〇代の若者たちが復興を担っていく。そこにこそ、知の劣化から社会を救う大学の本質的な使命がある。

【注】

（1）ドラッカー（二〇〇七a）、一四三頁。

（2）ドラッカー（二〇〇七a）、二二九頁。

（３）　ドラッカー（二〇〇七ｂ）、序文。

【参考文献】

Ｐ・Ｆ・ドラッカー（二〇〇七ａ）『創造する経営者』ダイヤモンド社。
Ｐ・Ｆ・ドラッカー（二〇〇七ｂ）『断絶の時代』ダイヤモンド社。

第Ⅲ部　実　践

第10章　コンサルタントとしてのドラッカー

伊藤雅俊

大恐慌の怖さを知る世代

ドラッカーに初めて会い四〇年になる。以来、アメリカに行くたびにクレアモントのお宅へ伺い、その度ごとに長い時間話をした。

お宅は質素だった。暮らしぶりはまったく変わらなかった。古い電話、タイプライター、家具、調度品、何一つ変わらない。その中でいつも教えてもらった。著名な学者なのに、いつも人としての真摯さを感じさせられた。そこが、最も素晴らしい点であった。しかも、コンサルタント料と称するものを一切お払いしたことがなかった。

さて、ドラッカーは私より一五歳年上だった。この一五年と言う年月がどんな違いか、考えてみたい。第一次大戦が終わったとき、ドラッカーは九歳だった。大恐慌のとき（一九二九年）、私は五歳でドラッカーは二〇歳である。これまで多くのアメリカの方にお会いして思う。若いアメリカ人、そして私より一五歳上のアメリカ人、同じアメリカ人でも年代が異なるとまったく違う人種のようだった。

たとえば、元駐日大使で副大統領のモンデールは、大恐慌が起こった一年前のミネソタ州生まれで、後者の典型である。大恐慌時、牧師だった父は土地をとられてしまった。それで地方大学に入学し、アメリカ軍に入隊後、奨学金を得てロースクールに入学する。そこで勉学して、後に副大統領になった。当時のアメリカ人は、自信を見事に打ち砕いた大恐慌の恐ろしさを骨身に浸みて知っていた。

ドラッカーもそんな世代の人だった。一九三九年処女作として著した『「経済人」の終わり』が、当時のベストセラーになった。この本を読めばドラッカーの本質がよくわかる。本人もよく私に言っていた。自分は経済学者ではない。歴史学者であり社会学者だと。

人生の話を含めさまざまな話をした。「あの頃のオーストリアでは、子供は裸足だった」と聞いた記憶がある。第一次大戦が終わってからのウィーンで、赤旗を掲げる大行列の先頭に立ったとか、ナチスの焚書に遭ってやむなくイギリスへ渡ったといった生々しい話も聞いた。大恐慌の中、妻ドリスとアメリカに渡った不安はいかばかりかと思う。

日本も世界も大変な時代に

昨今、日本もアメリカも、大変な時代になった。一九九〇年代後半から二〇〇〇年代に日本でも恐慌さながらの状況があった。国債の大量発行で対応したが、一九九八年には北海道拓殖銀行が倒産し、また山一証券も倒れた。二〇〇〇年には、日本のＩＴ企業の一〇社に一社が二〇〇〇億円ずつ損失を出した。しめて二兆円の損である。二〇〇〇年には松下電器が四〇〇〇億円の損失を出した。

私も次の世代にどう譲るかを考えるが、大変なことである。ドラッカーにもう一度会ったら、何と言うかと時々考える。セブン－イレブンの創業は四〇年前だった。セブン－イレブンに着手したとき、「日本の社会と小売業にいいことだからやりなさい」と松下幸之助氏も言ってくださり、本当にありがたく思った。鈴木敏文氏をはじめ、みなが一生懸命によくやってくれ、今日の規模になった。しかしイトーヨーカ堂やデニーズも、かつてに比べれば舵取りの難しい時代になった。百貨店もさらにこれから難しくなる。この乱気流時代を思うにつけ、組織が巨大化するゆえの怖さを強く感じる。

潮目で見る

ドラッカーが亡くなる一年前、お会いするため、アメリカへ赴いた。孫がお出迎えに伺わせてくださいと申し出たが、自分で行くと言うので、高齢でもあり、とんでもないとハイヤーを用意したことがあった。人に面倒を掛けたくないとの奥ゆかしさを表す逸話だ。

ふだん飲まないが、そのときめずらしくワインをたしなんでいた。厳しい人柄だったが、人間としての素顔を垣間見た気がした。

日本文化のよき理解者だった。もっと言えば日本国民が好きだった。日本に来る時は、通訳のティム芦田氏と京都に赴き、日本画を購入していた。東洋美術の先生になった方がよかったのではとも思うほど深い造詣だった。

私より少し年上のソニーの盛田昭夫氏はドラッカーとの交流では第一世代である。ドラッカーは盛田氏を実に素晴らしい日本人と称賛した。ＮＥＣの小林宏治氏なども、自慢の教え子だった。それから、オムロン創業者の立石一真氏もその一人だった。尊敬してやまぬ方々だった。

ドラッカーに教えられたなかで何より印象深いのは、「社会・経済を潮目で見よ」ということだった。歴史、社会、経済、いずれも潮目の境をよく見きわめるように言われた。それは私流に言い換えれば、「鳥の眼」「虫の眼」「魚の目」、いくつもの視点を持ちなさいということである。

その点でもドラッカーには、潮目で社会を厳しく繊細な意識で見きわめるべきことを教えられた。何より大事なのは、時代を見る、時代の潮目を見ることである。

それに関して言えば、先生はＮＰＯの話をよくした。現代社会は政府、企業、ＮＰＯがなければ成り立たないというのが世界の認識である。ドラッカーが九〇歳を迎えたとき、アメリカでその名を冠するＮＰＯの表彰制度がスタートした。アメリカでは権威ある賞である。その表彰式に参列したとき私は大きなショックを受けた。

犯罪者の社会復帰のために、彼らをトラックの運転手として育成した人が受賞者だった。彼らが、ドラッカーを前に、いかに犯罪者を更生に導いたかを詳細にわたって説明する。アメリカ社会は銃社会である。刑務所へ入り、数年して出所しても、銃を手にして再び犯罪に手を染め、刑務所に舞い戻る。そんなケースが後を絶たない。ドラッカーはそんな活動の様子を私に直に見せてくれたのだった。

商売の原点

一九九一年秋、ウォルマート会長のサム・ウォルトン氏が亡くなる前にお目にかかったことがある。当初一五分程との約束が、意気投合し、二時間くらい商売の話をした。ウォルトン氏は「一〇フィート手前にお客様が見えたら、笑顔でいらっしゃいませと言いなさい」と亡くなるまで言っていた。ところが、あれだけ大きな会社ともなると、その後一つも実行されていない。先日アメリカで店を見て、さびしい思いをした。

当社グループは従業員一六万人の企業グループである。この規模ともなれば、同じことになるのだろうかと感じる。しかし、本当に会社はお客様で成り立っている。それから従業員によって成り立っている。それからお取引先によって成り立っている。銀行によっても成り立っている。商売の原点をもう一度しっかり認識しなければならないと感じる。

私は小さな店からはじめた。一人ひとりのお客様を大事にしなければ生活できないし、従業員に給料が払えない。それが今も考え方の基本にある。

ところが、従業員が一六万ともなると、お客様は来て当たり前という考えにうっかりするとなってしまうのではと不安になる。お客様に次いで、従業員も大切である。昔なら「金の卵」と呼ばれたほどだった。日本国中を駆け回って従業員を募集したものだった。当時はヨーカ堂などといっても名も知られておらず、ヨウカン屋と間違われたものだった。それでもお取引先や銀行への支払いは、創業以来一度も遅れたことはない。それは胸を張れる。

しかし、会社が大きくなると、次第に勘違いが出てくる。相手が頭を下げてくるものと思うようになる。恐ろしいことである。もう一度基本的なものをきちんと考え直さなければならない。感謝の気持ちがなくなったとき、それが会社の危機と考えている。

ドラッカーの考え方を感じたエピソードがある。あるカリフォルニアのスーパーマーケットを次々に買収したやり手が大学に寄付したという。その方が来校した折り、学長などは寄付をいただいたと滔々と演説した。でも、ドラッカーは、私と二時間半も話した後で、その人には挨拶一つしない。そのときに思った。どんなに寄付してくれても、買収に手を染める人はドラッカーは嫌いなのだと。目も合わせなかった。

歴史家としての顔

ドラッカーは九〇歳を超えてもスタンフォード大学などの一流校から招待されたが、カリフォルニアを動こうとしなかった。ニューヨークと違って温暖な気候がいいとよく言っていた。ドリス夫人がそばにいることを幸福だと言っていた。

ドラッカーには、歴史体験を通した切実な問題意識が常にあった。ヒトラーが出現して第二次大戦が勃発し、実際想像もできない数の人々が死んだ。終戦時、私は二〇歳だった。私の二年前に生まれた大正生まれの方々は、かなりの数が戦争で亡くなっている。私の年代で一割が戦死しているが、その前では何割もの人々が亡くなった。ドラッカーはその後の共産主義、全体主義の吹き荒れるなかを生きてきた。だからこそ、大きな視点でものをとらえることができた。ユダヤ人迫害の中、イギリスへ向かい、大恐慌の最中にアメリカに移住し、やがてクレアモントの生活で天職を得た。それがドラッカーの一生だった。

大変地味で堅実な生活だった。あのような清貧と呼べる生活態度は、アメリカ人ではめずらしい。私の知る昔のウォール街は堅実、節倹で知られていた。今はその面影もない。アメリカ全体が変質したように見える。すべてがマネー中心になってしまった。さらにその傾向が強まっている。

経験から感じること

この高度な知識社会が今後どう進展していくのか、よくわからない。ドラッカーの『傍観者の時代』には、「論理ばかりではいけない。経験も大事にしなくてはいけない」という趣旨のことが書かれている。それからドラッカーは「顧客と市場を知っているのは、ただ一人顧客のみ」とも言う。私も長い現場経験のなかで、まったくその通りと感ずる。

他にも、「人はコストではなく、資源」「事業の目的は顧客の創造」「問題ではなくて、機会中心」「イノベーションの欠如こそ、組織がだめになる証拠」といったことも言う。常々参照するようにしている。

ドラッカーは東洋美術に並々ならぬ関心を持った。特に室町時代の墨絵が好きだった。室町時代は日本歴史の巨大な転換期としても知られる。そのあたりも関係があったのかもしれない。京都の人は今なお「あの応仁の乱以来」という話を好むそうである。一つの転換期を象徴する事件、時代だったのだ。転換期こそ経験と歴史観がものを言う。ドラッカーがなおいっそう評価されるのもわかる。

最後に、日本では勉強というとどうもこう窮屈で、理屈ばかり言って現実を見ない傾向が強過ぎるように感じる。やたらに細分化していて、小さくまとまってしまう。

だが、やはりドラッカーは歴史、社会学、その他何でも貪欲に自らの領域に引き込んでいく総合の学を実践した。そうでないと、何より現実というものが把握しきれない。是非、幅広く現実問題をとらえる、そんな学問を志していただきたいと願う。

第11章　社会生態学者ドラッカーに学ぶ

小林　陽太郎

時流に乗らない知的姿勢

私はドラッカーを経営学者とはとらえていない。彼は自らも言うように「社会生態学者」であり、特に社会と企業の関係の中で、変化の兆しを知らせ、それがなぜ起こっているのか、どういう方向に向かっているのかを指し示してきた。私は彼から、社会との関係におけるビジネスのリーダーシップについて、ビジネス・ステーツマンとしての考え方や社会との向き合い方について、多くの示唆を得た。ドラッカーはハウツーではなく、もっと大きなものを体現し、発信してきた。

私はあるときから経営の中枢に関わるようになり、それを通じて内外の経営者と交流するようになった。企業や経営を超えて、政治・行政・教育の方々とも広く付き合ってきた。私自身の関心は企業と社会の関係にあった。企業とはいったい何なのか。何のために存在するのか。特に経営の一翼を担うようになってから、変わらぬ関心があった。そのようななかで、ドラッカーの書いたものや他の書物も含め深く学んだ。

実際に本人とも数度会い、富士ゼロックスのお客様とのふれあいの場をつくったことがある。特に変化の時代だからこそ彼の発言は今なお肝銘すべきものがある。私が考えるに、彼は二つのことについて疑念を持ち続けた。

一つは時流、言い換えれば通俗的に形成される政治的公正（ポリティカル・コレクトネス）について疑念を持ち続けた。一見もっともらしいものに対して常に懐疑の目を向け続けてきた。自らの地位を築いて以降、彼は世の定見や既存の政治的公正を唯々諾々と受け入れることをしなかった。そのような姿勢が、ひとかけらの良心、良識を持つ人から一貫して受け入れられた理由だ。

もう一つ、社会通念としての常識にも疑問の目を持ち続けた。世界には古今東西で通用するコモンセンスがある。そのような大きな叡智の集積とは別に、局部的で散発的にしか通用しない通念というものもある。それらにも直接間接に疑義を呈した。ありものの「常識」への健全な疑義を忘れるなとするのが変わらぬメッセージだった。一見わかりやすいものほど判断は慎重でなければならない。ともにこれからも私が生きていくうえで、心にとめたい知的な姿勢であった。

多元的な世界の観察者

私も一人のファンとして彼から多くを学んできた。さまざまな形で実際の経営のなかにも生かしたつもりである。

彼がいわゆる通り一遍の経営学者でないのは明らかである。そのような既成の範疇には収まらない稀有な思想家であった。自身も社会生態学者と自ら規定していた。彼にとっての社会生態学とは何か。人、組織、そしてそれらの関係をありのままに考察対象とすることである。特に彼は組織の存在に深い洞察を示している。人が生きるうえでは、さまざまな組織との関わりを持つ。企業ばかりではない。政府、教育、非営利組織もある。対象は多様である。まさに社会生態といいうる多元的な世界である。そのような多元的な世界の成り立ちは安易でちっぽけな通念や価値観に縛られた人では見えない。そのなかに、「断絶」や「新しい現実」の所在を見出し、そのつど提示してきた。私自身も、そのような社会生態的な側面で、彼の言ったことに鮮烈な印象を受けてきた。

一つ記憶に残っていることがある。約四半世紀ほど前になるが、日米財界人会議のなかで、日本市場が閉鎖的であると批判を受けた時期があった。そのなかでホットな話題になったのは為替レートの問題である。その為替に関して、ドラッカーは一九八六年に「変貌した世界経済」で三つのアンカップリングという指摘をされていた。

一つは、一次産品経済と工業経済が分離（アンカップル）したということである。第二に、工業経済にあっては生産と雇用という経済の根本問題が変化したということである。生産が増えれば雇用が増えたが、今やそうならなくなったということである。第三が実物経済とシンボル経済の分離である。これはまさに為替の問題で、為替レートは本来実物経済の比較競争力の結果として決まると言われていたが、実際には為替レートがそれまでと異なる要因で決まり、その為替相場が国家の競争力を決めるようになったという。後二者は今なお進行中である。生産量が増えても雇用が増えにくい中でどうやって雇用を確保するかは、今なお大きな問題である。いずれも即座に解決できるものではない。

そういうものが新しい世界の現実であるからそれを頭に入れて経営をすべきだ、という重要なメッセージを残した。

近年中国やインドなどが巨大な力を持つにいたっている。それらについても彼は早い時期に考察している。巨大な人口を背景に量的な意味でそれらの国々がどのようなプレーヤーとなっていくのか、そこでは経済的な要因以外に、社会や政治が大きなものとなる。彼の視座は常に多層的だった。

企業の目的は何か

企業は誰のものかという議論が数年前まで盛んだった。そこは一義的に株主のものかといったもう一つの問いが伏在していた。実際に株主が厚く報いられればよしとする議論が日本でも通用していた時代である。企業は何のために存在するのかという問いもある。今なお利益の最大化が目的であってそれ以上でもそれ以下でもないという人がいる。しかし企業が何のために存在するのかへの回答にはさまざまなものがある。ここでも答えを専一的に決定することはできない。多元的である。

大学を卒業してから私はアメリカ留学でＭＢＡを取得した。現地で多くの書物を読んだが、印象的だったものの一つに、レヴィットによるマーケティングの書物があった。当時レヴィットはハーバードで教えていた。そのなかで、「企業の最終目標は利潤そのものではない」「利潤は手段として重要だがそれは目的ではなく、企業はそれぞれ果たすべき固有の目的がある」とあった。当時にしてこれだと思わず膝を叩いた。帰国後会社に入り、経営に携わるようになってからもその考えを通そうとしてきた。

ドラッカーの発言も本質は同じである。『現代の経営』では、「利益が重要でないということではない。利益は企業や事業の目的ではなく、条件である。利益は、事業における行為や意思決定の理由、原因、根拠ではなく、妥当性の尺度である」と書いている。私なりに解釈すれば、企業と利益の関係は、人間と健康の関係に似ている。「人は何のために生きるか」と「企業は何のために存在するか」は本質的に同じ問いである。

充実した人生を送りたい。さまざまなことをやってみたい。そのためには健康が不可欠である。だが、健康は人生の目的か。充実した人生のために健康がなければならないということと、健康を人生の目的とするのは違う。

もちろん利益が重要でないとは言わない。しかし、重要であることと目的であるとは似て非なるものである。利益が重要なのはそれが事業の妥当性の尺度であるためである。実際に経営の中心になってからも、私は利益とは本来の目的を達成するための手段なのだとことあるたびに言ってきた。そのたびにレヴィットやドラッカーの発言として引用した。

その後経営の現場や日米財界人会議などで気づいたことがある。アメリカ人の経営者によるドラッカーの著作への姿勢が日本人経営者のそれと異なるところである。恐らく日本のほうが彼の発言への感度が高い。日本ではドラッカーの発言は、中間管理職にいたるまで、浸透している。実際に私が『現代の経営』を手にしたのは、管理職になるだいぶ前のことだった。欧米では必ずしもそうではないようだ。

社会の側からとらえたミッション

生きる目的とは、企業にとってはまさにミッションである。そのミッションについてもドラッカーはこう書いている。

「組織はすべて、人と社会をより良いものにするために存在する。すなわち、組織にはミッションがある。目的があり、存在理由がある。(1)」

あえてそこまで言い切るのがドラッカーのすばらしいところである。企業を社会の一員として受け入れるならば、まず社会人がそのような観念をベースとして持たなければならない。むろん社会は企業のみで成立するものではない。他の組織に関わる方々も同様のミッション感覚を持つべきである。そのように共有するミッションの存在が実際に人と社会をよいものとしていく。ミッションの共有感覚がシヴィル（市民意識）の観念を根づかせていく。それがドラッカーの視座から湧出する企業と社会に関する基底的観念である。

ドラッカーは『マネジメント』で指摘している。

「企業とは何かを理解するには、企業の目的から考えなければならない。企業の目的は、それぞれの企業の外にある。企業は社会の機関であり、目的は社会にある。したがって、企業の目的として有効な定義は一つしかない。顧客の創造である。(2)」

彼は企業と社会の関係について表現を変えて何度も繰り返し述べた。そこに大きなメッセージがある。これも本質は社会の側から見よとの彼のメッセージだ。顧客については別の箇所で、「顧客という言葉の定義は厳格でなくてよい。顧客とは満足させるべき相手である」と言う。そのような考えをとるならば、会社が株主のために一義的にあるとし、そのために株主利益を最大化するとするものは狭隘なものとして退けられる。株主を含む全ステークホルダーズを視野に入れなければならないものとする。ステークホルダーズとは広くは社会そのものだからだ。

リベラル・アーツの復権

企業と社会の関係を深く考えたのは、ドラッカーだけではない。アメリカ社会そのものは多元的な社会であって、一見すると株主一辺倒な部分が印象的であるが、それがすべてかというとそうではない。たとえば、一九五〇年に設立されたアスペン研究所では、社会が偏った専門家によって「瑣末化」することのないように、古典に戻って現代の問題を考えるセミナーが行われている。この研究所を物心両面からサポートしてきたのはシカゴを中心とする経済界で、今なお隆々と存在し続けている。

私自身もこの研究所で行われていたアメリカの経営者たちの議論を実際に見て、アメリカが短期志向で日本が長期志向というのを見当外れだと実感した記憶がある。特にリベラル・アーツの涵養について言えば日本こそそのような人間全般に関わる教育をなおざりにしてきた感がある。実際に戦後の日本の教育ではリベラル・アーツが欠落している。むしろアメリカでは専門のカレッジなどではリベラル・アーツ教育が重んじられ、すぐれたリーダーを輩出している。

日本では教養科目が空洞化しているのに、専門職大学院が乱立するといういびつな状況になっている。これまでも教養教育の復権とともに、大学教育を根本的に変える必要性が叫ばれてきた。現に多くの人はその必要性を認めてきた。それに対して「ノー」と言い続けたのが経済界だったのには、私としても忸怩たるものがある。

現在日本のリーダーは戦後教育の産物である。人間教育を受けていない。経済界も政治家も小粒になっているとする指摘は、必ずしも的はずれではない。それを放置していてはいけない。正規教育の中でリベラル・アーツをもとにした立て直しを時間をかけて行う必要がある。そのような意味で、どんな人を創るのか。いかなるリーダーが必要か。そのことを考えるべきときにきている。

特に必要なものはドラッカーの言う「真摯さ」であると思いをいたした。スキルやハウツーで補うことのできない根本的資質が「真摯さ」であるとドラッカーは言う。私はこれに「謙虚さ」を加えたい。

彼は安易な社会的通念になびくな、流されるなとのメッセージを送り続けた。私が彼から学んだ最大のものは彼の姿勢にあった。そのような時代観察の姿勢にも彼の真摯さに通ずるものが感じられる。

【注】

（1）Ｐ・Ｆ・ドラッカー／上田惇生訳（二〇〇九）『経営者に贈る五つの質問』「質問1　われわれのミッションは何か」より。

（2）Ｐ・Ｆ・ドラッカー／上田惇生訳（二〇〇九）『マネジメント――課題、責任、実践』ダイヤモンド社、第6章。

第12章 『現代の経営』と私の経営

茂木 友三郎

刺激を受けコロンビア大学に

私がドラッカーの名を初めて知ったのは、一九五六年だった。当時私は慶應義塾大学の二年生だった。きっかけは『現代の経営』だった。誰に聞いたのかは覚えていないが、その本の存在を知り、当時自由国民社から出た上下巻を購入したのだった。

訳は野田一夫氏の主催する研究会だった。後に現代経営研究会に発展したものである。ちなみにこの現代経営研究会には、私がコロンビア大学ビジネススクールを卒業して帰国してから、入れていただくことになった。

いずれにしても『現代の経営』からドラッカーに興味を抱いた。当時学生だったから、よく分からないところもあった。後で読み返して、改めて得心することもあった。アメリカの経営学はこのようなことを勉強するのかと思った。

当時、日本の大学で教えられていた経営学とドラッカーの『現代の経営』はまったく違う。日本の経営学の本は眠気を催すが、ドラッカーの書物は興味深く読めた。そこから留学への思いが出てきた。その折り、交換教授としてノースカロライナ大学の教授が慶應義塾大学に教えに来た。講義が一年間あり、通訳付きで受講した。アメリカ式の講義だった。

日本ならほぼずっと講義が続くが、アメリカ式では講義は短く、ディスカッションと質疑応答が中心になる。質問があれば、どんどん挙手していいというものだった。この先生の講義からも触発され、留学への思いをますます強くした。

結局私は、コロンビア大学のビジネススクールに留学したが、当時「ビジネススクール」という名称自体、一般的とはいいがたく、タイプライターの学校と間違われるほどだった。当然、日本にはビジネススクールの情報はほとんどなく、アメリカ大使館やアメリカ文化センターなどに赴いては資料を集めたものだった。そうやって調べる中で、同じアメリカのビジネススクールでも、ケーススタディだけのものがあるなど多様な形態があるのを知った。

最終的にはコロンビア大学を選んだが、理由はケーススタディと講義との混合スタイルで行われていること、ニューヨーク市内にあるので米国のビジネスマンと会う機会があるのではと思ったことなどである。

日本人初のＭＢＡ取得

当時、米国のＡＴＧＳＢというビジネススクールへの入学のためのテストがあった。埼玉県朝霞の米軍基地で年に何回か行われていたので、そこで受験した。そのような経緯で、ビジネススクールに入学したが、二年間はとにかくしごかれた。入学時、六八キロあった体重が、卒業時には五八キロになっていた。

何より睡眠時間が短い。リーディング・アサインメントが膨大で、日に一〇〇ページ程度読んで講義に臨まなければならない。さらに小論文も多く課されるし、ケーススタディの資料も事前に目を通しておく必要がある。苦労して勉強したのを覚えている。

そうした中、ドラッカーが『現代の経営』で述べたことを勉強できたのは有益だった。たとえば、組織論がある。『現代の経営』でも組織について詳しく述べられている。当時コロンビア大学にウィリアム・ニューマンという著名な教授がいた。その先生が『現代の経営』で書かれた組織論に似た議論を展開していたのを思い出す。

意思決定についても『現代の経営』で詳しく書かれている。経営者にとって意思決定は最も重要な業務である。チャールズ・サマーという教授の講義で意思決定についても学ぶことができた。また、看板教授のジョエル・ディーンは経済分析が専門だった。意思決定をする場合の基礎となる分析を得意とする学者で、コンサルタントとしても著名な教授だった。ディーン教授の講義も心に残っている。ドラッカーはあるところで、ディーン教授を批判しているが、その講義も直接聴けたのは得難い経験だった。無事にMBAを得て帰国できたのは、ドラッカーの『現代の経営』を読んで、本場の経営学を多少なりとも学んでいたおかげといえる。

経営者になってから、最も役立ったのはドラッカーの書物やビジネススクールで総合的に学んだ意思決定の方法だった。意思決定は日々の経営で最も意味を持つ。意思決定には、戦術的意思決定と戦略的意思決定があるとドラッカーは言う。特に重要なのは戦略的意思決定であり、戦略的意思決定にあっては、初めから答えを用意していてはいけないともいう。むしろ重要なのは正しい問いを探すことであると。

さらに戦略的意思決定には五つの段階があるともいう。まず「問題を理解」する。「問題を分析」する。「解決案を作成」する。しかも、解決案というのは、一つではなく、複数なければならない。その中から「解決策として正しいと思われるものを選定」する。そして、それを効果的に「実行」する。この五段階である。これが戦略的意思決定の重要なステップと言う。まさにその通りと思う。

特に日本人などは、学校で問題を先生に他律的に与えられる。先生が与えて、それを解く。そして正解を示す。正解は一つである。そんな教育を受けていることもあって、自分で問題を探すのは苦手である。ビジネススクールでは、「問題を探す」ことを学び、新鮮な驚きを感じた。しかも、正解は常にあるとは限らない。ビジネススクールでは解を導き出すプロセスを重視する。しかも、重要な点は答えを見つけたとしても、それだけでは十分ではない。実行しなければならない。行動して、成果をあげなければいけない。

先ほどのディーン教授は、コロンビアで勉強したことを使って、できるだけよい意思決定をし、かつ多くの人をうまくリードしてもらいたいと言った。多くの人をリードしなければよい結果は出ない。一人で何もかもやるわけにいかない。社長、あるいは副社長と専務だけで考えて全部うまくいくか。そうではない。その重要性をケーススタディなどを使い徹底的に叩き込まれた。

アメリカで醤油を売る

次に、ドラッカーの考えやコロンビア大学のビジネススクールで学んだことが、どのように生かされたかを述べたい。ドラッカーは、企業が人の欲求を有効需要に変えたとき、初めて顧客が生まれ市場が生まれると言う。また、企業のマネジメントとはマーケティングとイノベーションで顧客を創造する活動であるとも言った。そもそも事業のマネジメントは、環境に適応するだけでは不十分であって、環境を創造するものでなければならない。実は、キッコーマンの海外の経営、特に醤油の販売については、まさにその実践と言ってよいと思う。

キッコーマンは、食品業界の中でも、業務の海外比率が高い会社であり、海外の売上げは約半数を超えている。営業利益で見ると、海外比率は約七割に達している。アメリカで本格的なマーケティングをはじめたのは一九五七年だった。

実は、戦前も輸出は行っていた。一八六八（明治元）年に、日本からアメリカへの最初の移民が東京湾を出航していった折り、キッコーマンの醤油が大量に樽詰めで船積みされた記録がある。ただしそれは海外在住の日本人向けだった。アメリカでアメリカ人に売っていたわけでもないし、中国で中国人に売っていたわけでもない。それが戦前の姿だった。そこからアメリカで本格的に販売をはじめる際に、マーケティング戦略を変えた。現地在住の日本人でなく、一般のアメリカ人を対象に醤油を販売することにした。

戦後アメリカ人が日本にたくさん来た。ビジネスマンも、学校の教師、官僚もいた。ジャーナリストも、もちろん軍人もいた。こういった人々が日本に何年間か住んでいる間に醤油を発見し、これは面白いのではないかということで、アメリカ料理に醤油を使い出した。それを当時のキッコーマンの人々が見て、これならばアメリカ人の間にも醤油の潜在需要がありそうだと感じた。うまくマーケティングを展開すれば、潜在需要を顕在化することができると希望と期待を持った。ちなみに進駐軍のＧＩが醤油をアメリカに持ち帰ったという話があるが、彼らは基地の中にいたので、町中に住んでいたビジネスマン、官僚、学校の先生や軍では将校クラスの人が醤油を使ったというのが正確なところである。

そのようなことで、アメリカ人を対象に商売しようと決め、一九五七年にアメリカでマーケティングを始めた。販売会社を作り、西海岸のサンフランシスコからスタートして、醤油をアメリカ市場で売る作戦を展開した。当時顕在需要がアメリカにあったということでなく、日本に来たアメリカ人が醤油を使っているのを見て、アメリカ本土にも潜在的な需要があるのを感じ、それを顕在化すれば商売になるのでは、と期待した。まさにドラッカーの言う「潜在的な欲求」を有効需要に変える努力の実践である。

海外マーケティング戦略

やがて醤油がアメリカの市場に浸透してきた。大きな要因は、醤油と肉との相性がよかったということである。アメリカで最も典型的な醤油の使い方は、醤油に肉を浸して焼いて食べるものである。これをきっかけに、アメリカ人が私どもの醤油に慣れ親しんで、いろいろなものに使いはじめた。

私どもは、「潜在的な欲求を有効需要に変える」努力をしたが、その主な手法は二つあった。一つはインストア・デモンストレーションである。スーパーマーケットの店頭で醤油で味付けした肉を焼く。小さく切って、楊枝に刺してお客さんに食べてもらう。おいしかったら帰りに買ってもらうという方法である。私がコロンビア大学のビジネススクールに留学したころには、インストア・デモンストレーションを手伝ったこともある。実際にやってみるとお客様の反応は良く、私の経験では、味を試した人の半分くらいが醤油を買ってくれた。

それからもう一つが、ホーム・エコノミストによるレシピ開発である。アメリカの販売会社の本社がサンフランシスコにあるが、そこにテストキッチンを作り、アメリカ人のホーム・エコノミストを雇った。女性、特に主婦の立場で、メーカーの商品戦略に携わるのがホーム・エコノミストの仕事である。

彼女たちに朝から晩まで醤油をどうやってアメリカ料理に使うか研究してもらった。いろいろなレシピが出来上がり、それらを新聞社に売り込んだ。政治経済の記事というのはいくらでもある。ところが家庭欄は材料が少ない。新しいレシピを持っていくと喜んで書いてくれた。あるいは料理の本を発行するなどして、アメリカ人の消費者に醤油の使い方を教えることによって、有効需要を作り出す仕事をしていった。その後、醤油の需要はどんどん伸びて、一九七三年には工場を作り、一九七五年には米国事業を黒字にすることができた。その後も順調に推移し、現在当社の海外事業において、アメリカ市場はその中心となっている。

アメリカでの成功により、消費者の欲求を有効需要にいかにして変えるかについて一つのモデルができた。今はそれをヨーロッパで展開している。ヨーロッパでは一九九七年にオランダに工場を作り、現在ロシアなどでも売上げが伸びている。この後はアジア、さらには南米でも展開していきたい。このように新しい需要を作り出し、新しい顧客を作り出す努力によって企業の競争力は高まってくる。

大切なのは真摯さ

ところで、ドラッカーは、マネジメントには公共の利益に対する責任があると言った。企業が社会の公器であり、その活動が社会に対して影響を与える。重要なポイントである。

キッコーマンは、昭和の初期に大きなストライキを経験している。戦前の三大ストライキの一つと言われ、二一八日間続いた。結果は企業の側が勝利した。しかし当時の経営者は、経営者としても反省すべき点が多いと認識し、「産業魂」という企業理念を打ち出した。言わんとするところは、企業は社会の公器であるということである。株主は企業のオーナーではあっても、企業は株主だけのものではない。たとえば、国宝か文化財に指定されるほどの古民家に住んでいるとか、美術的価値の高い絵画を所有する人は、法律上は持ち物であるが、社会的制約を受けるのと同じである。必ずしも持ち主の自由にはならない。それと同じで、企業もある程度の規模になると、社会の公器になる。株主は大切にしなくてはならないが、株主以外の利害関係者、ステークホルダー、顧客・従業員・取引先・地元住民などに十分な配慮をしなければならない。そのことを強く感じ、「産業魂」なる企業理念を打ち出した。

われわれは、「産業魂」と呼ぶが、企業が社会の公器だという考え方はドラッカーの言うことと一致している。進出する世界のどこにおいても、よき企業市民となるべく、すなわち、この企業がきてくれてよかったと多くの人たちに思ってもらえるよう努力しなければならないと思っている。

よき企業市民になるために、海外進出の際には可能な限り経営の現地化を推進しようと考えている。条件が変わらないならば、日本企業と取引するのではなく、できるだけ現地の企業と取引をすることを心がけている。また、従業員は日本からの派遣を少なくして、現地の人たちを多く採用したいと考えている。現地の活動にも積極的に参加し、溶け込む努力もしている。

これはアメリカで初めての工場をウィスコンシン州に作った際に、企業が長期的に存続するためには地域社会と協働しなければならず、そのためには経営の現地化が不可欠と痛感したためである。そしてこれはまさに、昭和のはじめに私どもの先輩が打ち出した「産業魂」に通じる考え方だった。このように私どもは、ドラッカーのいう「公共の利益に対する直接的な責任もある」ということを経験的にも学んできた。

最後に、ドラッカーの言葉で最も大切にしたいものの一つで、経営者にとって最も重要なものを挙げたい。それは「真摯さ」である。今後も真摯さを忘れることなく仕事をしていきたいと考えている。

第13章　革新こそが新たな伝統を生む

小仲正久

ドラッカーの忠告

私がドラッカーに初めて会ったのは、四半世紀も前のことである。今から考えると、そのときの会話が、私の経営の一つの核をなすものと感じている。

次にお会いしたのが、一九八六年、クライアント向けの講演会だった。そのときは、会社を応援していただいた方々に、個人ではできない貢献をしたいということで、ドラッカーを講師として招いた。

三回目にお目にかかったのは、本人も訪日はこれが最後とおっしゃっていた、一九九六年である。本当にこの時が、最後の日本訪問となった。そのとき、オーナー企業が企業形態としてベストと言われた。社内や顧客が直接見え、分析と決断が早い、そんな重要な特徴を持つと言われた。ただし、その良さはあるにしても、経営者の目が社会に向いているという最重要の条件付きであり、一族に目が向くならば即刻崩壊すると言われたのを思い出す。一族に目を向けないことを心がけているが、年齢を経ると世の常というべきか、それが難しいことを実感する。

ドラッカーの話とは、世の中の変化、そしてそれらへの対応に尽きる。講演でも、世の中の変化をグローバリゼーションと人口問題に特に焦点を絞って、通常では見えない切り口からさまざまな分析を披露してもらった。私はよく犬をつれて散歩に出る。すれ違う人の顔や服装には自然に目が行くが、それ以外あまり見えていない。しかし同行している犬は、足の方、あるいはせいぜいのところ下半身しか見えないはずである。いってみれば、ドラッカーには普通とは違う視野があった。手にしているデータは同じでも、まったく違う情報を引き出してしまう。

それら一つひとつの変化への対応ということになると、ドラッカーは一九九六年の最後の講演で、日本に対する一番の希望として以下のことを述べて締めくくりとした。

「継続性、一貫性ゆえの日本の強さが維持できなくなり、日本は新しい行き方を模索すべきときに直面している。かといって、私はどうすれば成功できるかを答えることはできない。願わくば、賢明な日本の方々が、これまでの日本が持つよさを失わず、継続すべきものを維持しながらも、他方で、機敏に自らを変化させてほしい。日本がもっとも心がけなければならないのは、これまで築き上げてきた競争力を失わないことである。世界の中で、高い競争力を持つ国としての立場を維持し続けてほしい。」

このように固有の価値の維持と創出を求め、日本のみで通用する特徴ではなく、世界がそれを真似るような普遍の価値の創出を要望した。そして、それは日本の人や文化、その他さまざまなものを愛したドラッカーの心からの忠告であり、応援歌であった。

グローバル化の真の意味

中国についても予測していた。中国の将来、そのインパクトについて特別項目を設けて話した。概略以下のことだった。

「世界の状況を見渡すとき、今大切なのは、先進国以外の国々のことである。もっとも大きな問題は、中国の将来である。中国がこれまでの成長を今後も続け、先進諸国の多くの企業に対して、とてつもないビジネス・チャンスを与えることは、確かに可能性として五〇％を占める。しかし残りの五〇％、つまりこれから一〇年の間に、コントロール不能のインフレ、動乱といったさまざまな問題で、国が崩壊する可能性も否定はできない。いずれにせよ、これから一〇年たてば、事態は、はっきりしてこようが、日本やアメリカなどの先進国にとっては、『エコノミスト』誌の述べるような発展を遂げているのであれば、とてつもない規模の成長の機会が中国からもたらされるであろう。しかし、世界のどこにおいても、今後一五年の間に最大のインパクトとなるのは、実は経済的要因ではなく、社会的要因である。社会的要因が、経済に大きな影響を及ぼすことになる。」

現在、東京では中国からの観光バスがたくさん駐車している。中国の方々が歩く姿をよく目にする。これは日本固有の現象ではない。世界中で起こっていることである。

これは世の中の劇的な変化の一端だ。今、世界中に旅行に行く日本人が実感するのは現地でのものの値段の高さである。ヨーロッパや東南アジアなどでもとにかく高い。それは、日本の価値が少しずつ下がっているからだ。

かつて東南アジアなどに行けば、安さを実感する場合が圧倒的に多かった。今では中国等の方々が、日本に対してそのような実感を持っている。

もう一つ例を挙げると、パリの三つ星レストランに「タイユバン」という店がある。最近そこが二つ星に降格させられてしまったという。ミシュランの星の数は現地では大変なことである。

というのも、三つ星レストランというと崇拝の的であるが、日本人などは、かつては入口の一番隅のほうにしか座らせてもらえなかった。良い席にはフランス人の高貴な夫婦が、上品に食事をしていた。これが今ではロシア人がほとんどで、それも降格の原因といわれている。

アドベンチャーをテーマに

クロアチアに滞在していた時のこと、チャーター便も成田から出るということで、日本人にも人気のスポットがたくさんある。現地の方々は、「こんにちは」「ありがとう」「さようなら」と呼びかけてくれる。

現地の方々に日本人のことを尋ねると、「時間をきちんと守る几帳面な性格」「ごみを残さない徹底したきれい好き」「マンガに代表される独創性」「よく勉強し働く勤勉性」などなど、日本のよさを認識してくれている。これは、われわれが先祖から受け継いだＤＮＡといってよい。なかには失われたものもあるだろう。しかしそれにしても、日本のよさを世界中の人が認識してくれている。

日本のものづくりが世界で評価されるのもそのためである。世界中の方々がすでに知ってくれているから、今から改めてＰＲする必要はない。引き続きものづくりに全精力を傾ければよい。

そしてもう一つ、日本には世界有数の市場規模がある。それは中国の数倍はある。そう考えると、昨今のように、資源高騰のなかで、ただ安いものを求めて市場を縮小させていくマインドには賛成できない。確かに、今、世界で日本のニュースは少ない一方、中国への関心は高い。世界の目が一つのほうに行ってしまうのは、日本にとってはマイナスである。

中国の数倍の市場があるにもかかわらず、なぜ日本に世界が関心を示さないのか。もし、この市場が、拡大基調ならばさほどさびしい思いをする必要もない。

一九八〇年代、日本は絶好調だった。今の中国をしのぐ評価を得ていた。そんな時代には市場も広がり、がんばれば豊かになれた。しかし一九九〇年代は「失われた一〇年」といわれ、市場拡大がままならず、長いデフレのなかでひたすら耐え忍ぶ時代となった。そして二〇〇〇年代、希望に満ちたはずの新しい世紀も、現状を見ると、昔の負の遺産に悩まされ、なすすべもない状態である。

この時代、私はアドベンチャーをテーマにしなければならないと思っている。まだ見ぬ宝を求め、過去を捨てて数々の危険を乗り切って行かなければならない。宝とは豊かさを意味する。豊かさとは、金や物ばかりではない。個の持つ価値観によって決定される。

欧米や日本では、大きく安泰な組織に所属したい欲求まで徐々に減っているとドラッカーも指摘していた。ならば日本人もいっそう最終目標たる自己実現を目指して、新たな旅をはじめなければならない。

フランス人や中国人などは典型であるが、自国の文化に強い自負心がある。むろん、そのために大事業を成し遂げることができる反面、尊大で傲慢、押しつけがましさもないわけではない。グローバル化していくと、文化の裏付けというものが重要な意味を持つ。ここで日本の文化をもう一度見直してみることには意味がある。時はちょうど『源氏物語』から一〇〇〇年を過ぎた。よい機会だ。

日本香堂は、天正年間に「薫香」を扱い、宮中御用を務めた香の専門職「香十」、特に、「高井十右衛門」代々の秘伝の技を受け継ぐ、伝統ある会社だ。それでも今はかなり変わってきている。というのも、ドラッカーとはじめて出会った折り、その教えに感動し、イノベーションとクリエイティビティを社是とした。これは、日本香堂が現在も存続している最重要ポイントと考えている。

恐らく今後も数々の難局が待ち受けているだろう。ドラッカーならば、それぞれの局面でどんなアドバイスをするるか。しばしばそのようなことを考える。

第14章　学びと実践

酒巻　久

ドラッカーならどう考えるか

一九六〇年代に、ドラッカー講演会（於・箱根）の模様を書籍化したものが出版された。『経営の適格者』という本で、現在は絶版になっている。当時私はキヤノンに入ったばかりで、当時の初任給は約一万二〇〇〇円だったのを覚えている。気になる本なので買った。三八〇円だったが、今でいうと八〇〇〇円くらい、結構高かった。私が今も読んでいるのはそのときのものである。

この本には、「コンピュータは人間の能力を超えることがない」と書いてある。衝撃的だった。もっと人間がしっかりしなければいけないと感じた。本書の要諦は一貫して人間はいかにあるべきかに関わる。人間の本質を突いている。ドラッカーの本で出たものは大方読んだが、すべて人間の本質を示唆してくれる。そして、時代によって読まれ方も変わる、そんな印象を持って今日にいたっている。

関連会社の経営者就任を要請され、そのとき読み返したのもドラッカーだった。さまざまな局面で、「ドラッカーならどう考えるか」と自問しながら経営をしてきた。

目標を具体化する

「第一に目標を具体化しなければならない」シンプルなものであるが、本質を突いている。このような主張をする本は意外にない。どの会社も目標を明確化する癖がついていない。たとえばキヤノン電子もさかのぼって調べるとそうだった。「自分たちはこういう会社にしたい」という趣旨のことが明記されていなかった。

キヤノン電子は六〇年来の歴史を持つ会社だが、当時は利益が出ていなかった。何かを変えなければならない。突き詰めると目標が明確でなかった。

企業はどうあっても利益を出さなければならない。でなければ、存続できない。ところが、当社の売上高経常利益率は一％も出ていなかった。キヤノンのような大企業の子会社であるから、銀行はお金を貸してくれる。在庫を積み上げていても貸してくれる。なぜか。親会社が巨額の資金を保有しているからだ。銀行は安心である。

そんな恵まれた環境で利益が一％ということは、実質は赤字である。そこで、利益を出すことそのものをまず考えないといけないと考えた。そこで「目標を具体的に、わかりやすくしなさい」というドラッカーのアドバイスが生きてきた。それなら売上高経常利益率で世界一になろうと考えた。世界で一番とはどのようなものか。大手企業では約二〇％の売上高経常利益率で世界のトップレベルである。きわめて稀であるが、四〇％の会社もある。しかしふつうの企業では、五％も厳しい。そんななかで、二〇％にしようと決意した。

古いものを上手に捨てる

まず、古くなったもの、役に立たないものから捨てなければならない。ドラッカーは体系的廃棄といっている。要は「古いものを上手に捨てる」ということである。

上手に捨てるとはどのようなことか。古いものを片っ端から捨てるということではない。なかには古くともかけがえのないものがある。改革やリストラと称して古いものをすべて廃棄すると、必ず失敗する。そうではなく、いらないものから優先的に捨てていく。

廃棄の順序を間違えなければ改革は成功する。古いものを上手に捨てていく。たとえば不採算の生産ライン、不良の多い生産ラインなどが典型である。新しい生産ラインを邪魔しているだけである。

しかし、古いものを捨てるとき、必ず抵抗が出る。「今は使っていないが、また何年か先には使う」という抵抗が必ずある。それを真に受けて、「ああ、そうか。だったら取っておこうか」という間違いを犯す。でも、考えてみれば今使わないものをためている会社が、三年後の予測をできるはずがない。それに、仮にそれが三年後使える状況になったとしても、その頃出ている新しい設備と戦えるはずがない。そのときには最新型の機械で勝負しなければ競争に勝てるはずがない。

手段を明確にする

次に大切になるのは、目的達成のための整理整頓と方法である。「目的を達成する手段を明確にしなさい」という主張は、ドラッカーの著作に必ず出てくる。確かに目的の明確化だけならば誰にでもできる。そこから進んで、いかなる方法で達成するかが問われる。たとえば、売上高経常利益率二〇％を一〇年で出すのか、一年で出すのか。ここで、長期と短期を同時に考える必要が出てくる。そのために、まず一〇年計画を作り、次に今日の計画を実行に移す。一〇年後には売上高経常利益率を二〇％にするために、今日なすべきことは何かと問う。

今、二日を要する仕事があれば一日でできるようにする。三日を要する仕事があれば一・五日でできるようにする。一〇〇日を要する仕事は、五〇日でできるようにする。そのための方法を考えればいい。要するに、「目標を明確にし、その手段を具体化する」プロセスが必要とされる。

このことに関しては社内の意識改革と同時進行である。ドラッカーの考えでは、意識改革の最終地点は、自発的な行動に結び付けるしかけにある。自発的に動く癖を付けてもらう必要がある。それらを体系的に実践してみて、三年後には一〇年後の二〇％達成が見えてきた。

また、管理職対象の勉強会もはじめた。結果、自ら考え動くことの大切さがわかってくる。一、二名わかってくれれば、下も次第にそうなってくる。結果として、約三年で物事がすべて半分に減った。従ってコストも半分になった。

社外でも検証する

同じことを他の状況の似た会社で検証してみた。すると、わずか二年で黒字になる。しかもそれらの会社はすべて業種が違う。

その一つに縫製業の会社があった。この会社では、まず目標が不明確で、結果として不良品が多かった。下着の不良品とはきちんと縫えていない商品のことである。ちょっとずれただけでも不良品は不良品である。

しかしその会社には不良品という感覚がそもそもない。そこでまずその感覚を持ってもらうことからはじめた。不良品は会社にとって損害である。これを徹底的に叩き込まなければならない。不良品は作らない、これを目標にした。具体的な目標としては、一〇〇万着製造して不良品は一個というものである。

よく不良品ゼロ目標などというのがある。それは目標にならない。人間のやることでゼロはありえないからだ。目標は現実的で具体的なものでなければ意味がない。

手段の適用について付言しておくと、ベテランといわれる人の問題がある。彼らは会社に長期間いたからベテランと呼ばれる。長期間いるために、実際には能力が落ちている人が多い。職人の方々は自ら目標を定めて、日夜能力向上に努めているのでそのようなことはないが、ただのベテランは始末に困る。また、ベテランだからというそれだけで何も成果を挙げていない人の意見を取り入れると会社はだめになっていく。

だからベテランといえども全部基礎からやり直す。それから「不良品はいけない。会社は損害をこうむる」というシンプルな事実を教え込まなければならない。物事はシンプル化することが大切である。

ドラッカーは、経営者たるもの倫理観を持たなければならないと言う。当たり前である。しかし、倫理観とは経営者だけの問題ではない。社員をはじめとする組織の成員すべてが倫理観を持たなければならない。それなくして会社がよくなることはありえない。わかりやすくシンプルに、若い時分から倫理観を教える必要がある。

終章　リベラル・アーツとしてのマネジメント

野中　郁次郎

ドラッカー研究の意味

ドラッカーを研究していく意味はどのあたりにあるか。マネジメントはサイエンスだけではなく、むしろアートだとするドラッカーの考え方は、たとえば、二〇〇〇年代後半に加速したウォール・ストリート的な市場第一主義の価値観への対抗概念として捉えることができる。

新古典派経済学の理論では「完全競争」「均衡」といった普遍的な概念から演繹的に仮定された状態を想定する。たとえば完全競争状態では資源は最適に配分されると想定する。だが、資源の最適配分が完全になされるならば、企業はまったく利潤を生み出すことができず、利益の最大化は達成されない。そこで、こうした考え方に対し、競合に比してコストを下げ差別化を図り、あるいは、模倣困難な資源を活用することで、意識的に不完全競争の状態を作りだし、利益を最大化することを目指す競争戦略論が出てきた。企業にとっての最大のステークホルダーは株主であり、ウォール・ストリート的な考え方は株主価値の最大化として捉えることが可能である。二〇一〇年代半ばの現在でもその流れは変わらない。

しかし、投下資本利益率だけを追求する経営は行き詰まり始め、米国においてすら、本業の中で社会的価値を共創しようとする動きが出てきている。このことからも、普遍的な概念から演繹的に導き出した理論を現実に照射し、不具合があれば現実が間違っているという観念論が壁に突き当たっていることは明らかだ。はじめに理論ありきとは、科学的方法論の一つの主流であるのは間違いない。だがそれがあらゆる分野に浸透し支配的になっていく中で、科学的方法論では処理不能なものが実に多く切り捨てられてきたのも事実である。その最たるものが、人間の主観であり主体性である。

ドラッカーも言うように、マネジメントはサイエンスよりも、むしろアートの側面が大きい。アートは人間の主観や主体性に基づくものであり、価値観と不可分の関係にある。科学では扱いきれない部分が多くある。彼の知の手法は、「科学」を志向した経営学のありように対し、一定のバランスを取り戻す重要な機縁たりうる。人間の主観を捨象し、科学的な分析を重視して単なるハウツーになってしまった経営論というものを、個別の具体的な現場のアクチュアリティに立ち返り、もっと根本的に、何が経営の本質か、何を目指すのか、時間と空間の広がりの中でダイナミックに多様で重層的な関係性を構築しながら、実践の只中から普遍を志向していくものとしなければならない。われわれのいう「実践知経営」とはまさにこれを目指すものである。

これまでの私の研究者としての歩みにおいて、ドラッカーは常に新たな示唆を与えてくれる存在であった。「顧客創造」や「知識社会」など、彼のコンセプトには大いに触発された。二〇〇七年に私はクレアモント大学大学院ドラッカー・スクール名誉スカラーとなり、ドリス夫人と話す機会もあった。本章では、ドラッカーにまつわるさまざまなエピソードを物語ることによって、ドラッカー研究の意味と、彼が主張したリベラル・アーツとしてのマネジメントのあり方を浮き彫りにしていこうと思う。

一貫してジャーナリスト

ドラッカーはどのように定義できる存在なのだろうか。

一貫してジャーナリストであったというのが私の評価だ。ナチスの勃興期にヒトラーやゲッベルスにまでインタビューを行ったことは、彼の知的姿勢をよく表している。現実の只中に入っていき、現実の個別具体の事象から帰納的に普遍化していく。

そこから生み出されたものが「断絶」「知識」といった、本質を捉えつつ万人に理解されるコンセプトだった。ドラッカーは常に新しいコンセプトを示して問題を提起し、時代を挑発し続けた。そこに彼の強みがあった。彼をジャーナリストと評するのはこの点である。

本人は自らを社会生態学者（social ecologist）としていたのはよく知られている。確かに、一般的な意味における経済学者でもないし、政治学者、社会学者でもなかった。ドラッカー自身は、こうした領域の壁にはほとんど関心を払うことなく、あらゆる知識を取り込み、駆使した。だからこそ、彼の提起したコンセプト、言葉というものは領域を超えて共有されるものとなったのだろう。

ジャーナリストの仕事とは現実を万人に理解可能な形で象徴的に言語化することにある。彼はこの意味で真のジャーナリストだった。理論を究めるのはジャーナリストの仕事ではない。そのためか、ドラッカーはコンセプトを厳密に追求して理論化することはしなかった。たとえば「知識社会」の概念も、知識というものの新たな価値を説き、問題を提起するのみだった。理論化しなかったとはいえ、豊かな教養と経験に基づいて時代の方向性とヴィジョンを示した点で、ドラッカーの意義は今なお大きい。

彼の知の源泉はどこにあったのだろうか。彼は九五年の生涯の中で優れた人に数多く会っている。幼少時代にはフロイトに会っているし、後にはカール・ポラニーと公私ともに親しくしていた。シュンペーター、マクルーハンとも知遇を得ていた。ＩＢＭやＧＭをコンサルティングするなど、質の高い経験ベースを持ちその幅も広かった。彼の帰納法的でジャーナリスティックなものの見方は、多くの出会いからくるものだったのだろう。優れた人を媒介にして複合的な知的領域を見事に自らのものとしていた。人を媒介に知を獲得する人は、社会の中で最も知的な存在である。さらにドラッカーは、政治、経済から社会、歴史、芸術にいたるまで、さまざまな学問領域の知識を吸収していた。領域を横断する学際的な知の持ち主（インターディシプリナリー）だった。

このように、彼の知的興味の範囲が常に広く開かれていたのは注目すべきだろう。こうした彼の知の方法論を考えるにあたり『傍観者の時代』は大変役に立つ。本書は彼自身に影響を与えた多くの人々の物語がまとめられている。人と人との経験の交流があり、そこに彼の知の源泉があったことがわかる。こんな一文がある。Bystanders reflect: and reflection is a prism rather than a mirror: it refracts. 単に反射するもの（reflection）を見るのではない。むしろプリズムのように屈折・曲折して反射するものを新しい視角で捉える。refract するものを見る。ドラッカーは常にこのような視点をとり続けてきた。

興味深い逸話がある。クレアモントでドリス夫人に会ったとき、「生前ドラッカーは家で何をしていましたか」と伺うと、「彼はテレビを見ませんでした。だから、彼が亡くなった後に居間にテレビを置くようになりました」ということだった。なるほどと思った。すでに加工された情報を流すだけのテレビは見る必要がない。世論に迎合する必要もない。ドラッカーは、自らの目に映る現場の本質を探り、それを的確に表すコンセプトを深く考える。

そのようなプロセスから見えたものを、特有のわかりやすさ、さまざまなレトリックを駆使して人に示した。それこそがジャーナリストたるドラッカーの本質である。ジャーナリストとは、既存の概念を現実に当てはめたり、あるいは逆に概念を理論的に深めて難解にするのが仕事ではない。ドラッカーはこれとは反対に、誰に対しても理解できるように表現した。

しかも、ドラッカーは生涯書き続けた人だった。これもドリス夫人から聞いた逸話である。亡くなる数日前、「もう書けなくなった」と妻に語ったという。ドラッカーの傍観者としての人生の終わりを示唆する象徴的なメッセージである。

「顧客の創造」との出会い

ドラッカーと私の出会いについて少し述べたい。私が最初に手にしたドラッカーの著書は『現代の経営』だった。その時私はまだ二〇代の半ばで、会社員だった。一九五八年二二歳で入社し、三二歳で米国留学するまで、約九年間富士電機に勤務していた。最初に、現場教育の業務に就き、「養成工」と呼ばれる機関で技能者の養成を行った。そこから経営幹部養成の部門に移り、工場などでの幹部研修を主として担当するようになった。

研修業務の中で、あるとき立川の自衛隊空軍基地からインストラクターを招聘したことがあった。当時、MTP（Management Training Program）がさまざまな機関で導入されていた。彼らインストラクターも、高度にモジュール化された人材育成手法を使いこなしていた。また、別のときに、当時開設間もない慶應義塾大学ビジネススクールから講師を招聘したことがあった。彼らの多くはハーバード・ビジネススクールのケースメソッドに準拠して教えていた。

経験ベースで人材育成を行っていた当時の私たちにとって、そのような高度に体系化されたマネジメント手法は衝撃だった。その衝撃の中で邂逅したのがドラッカーの『現代の経営』だったのである。マネジメントはこのように概念化できるのかと驚いたのを覚えている。

ドラッカーはマネジメントの体系化にあたり、アンリ・ファヨールなどの偉大な先人から多くを学んだこと、そしてマネジメントの基礎はそれらの先駆者たちによって定式化されたことを言明している。確かにそのとおりだ。だが、本書をマネジメントの実践論として見るとき、やはりこれはドラッカーの手によるものだったと感じる。二〇代でこの著書に出会えたことを幸せに思っている。

この『現代の経営』で最も印象的なフレーズは「顧客の創造」だ。彼は、企業の目的の唯一の正しい定義として、「顧客を創造すること」と述べている。「There is only one valid definition of business purpose: to create a customer.」見事に本質を突いた言葉だ。いわゆるウォール・ストリート式の利潤の徹底追求とは異なる次元で彼がマネジメントを捉えていたことを証している。この一文は、私のキャリア形成や、後の研究活動にも多大な影響を与えている。

実は、顧客自らも持てる欲求や期待を完全に意識化し、言語化できているわけではない。言い換えれば、そこには企業と顧客とがともに暗黙知を形式知化するプロセス、すなわち顧客とともに新たな価値を創っていく姿勢（co-creation）がなくてはならない。一九五四年の著書（日本語訳は一九六五年）でドラッカーが指摘したそのような姿勢は、二一世紀の現代にも重要な命題を多くはらむ。

事業を考えるとき社員のためという考え方もありうる。だが、社員のためとしてしまうと、価値の創造において内向きとなる。社内政治などからも影響を受ける。この商品はあの人のためにつくるのだとなると、関係性の中での狭隘さが出てしまう。自らが自らを超えていくという挑戦の可能性について狭さが残る。もっと大きな次元から、顧客を含む世のためになっているかという点でも問題がある。顧客を創造することはこの反対で、外に向かって価値を創造することで、挑戦的な課題である。顧客自らが要求を認識しているわけではないのだから、むしろ創る側の思いやコミットメント、そして顧客の志を総合して、ともに創造していくものだ。それは社会の共通善（common good）の追求でもある。

共通善、人間の幸福とは一つの価値観である。それに向かって、日々その都度の現実の只中で最適な判断を下す。関係性の中の判断（contextual judgment）、あるいは、適時（timely balancing）、ちょうど（just right）の判断と行動が何よりも必要とされる。それは文脈や状況から切り離された一般論としての知識ではない。個別具体でその都度の判断を行う身体性を伴う知識である。それが実践知である。マネジメントの本質はそのような実践知をだれもが駆使することにある。

研究を触発した知識の概念

顧客とともに市場を創り上げていくという考え方は、私自身が富士電機時代に現場と格闘する中で得た実感でもあった。何か新しい物事を創っていくことは、帰納法的な行為であって、はじめに理論ありきというものではない。そのように感じていたのである。一方、約九年の会社経験のなかで最も痛感した問題は、情報の組織的な共有だった。カリフォルニア大学バークレー校経営大学院での留学では、その点を追究し、H・サイモンの情報処理理論とコンティンジェンシー理論、アシュビーの最少有効多様性といった理論や概念をもとに博士論文を書いた。これを本にまとめたものが『組織と市場』（一九七四年、千倉書房）で、これは日経・経済図書文化賞を受賞した。しかし、この時はまだ情報処理に基づくモデルだった。

情報処理の場合、情報というものの持つ客観性が重視される。何か判断する場合には事実前提と価値前提を考えなければならないが、サイモンは事実前提のみに基づいて判断すべきで、価値前提は排除すべきだと主張した。言うまでもなく科学にとって重要なのは客観的な事実である。主観的な価値を入れることは許されない。サイモンのように、企業を情報処理システムとして見た場合、価値前提はすべて捨象されてしまうのである。

帰国後、日本企業の新商品開発におけるイノベーションの現場で研究を進めていくうちに、情報処理ではなく、情報創造なのではないか、さらには、知識創造なのではないか、と考えるようになっていった。イノベーションの現場では形式知のみならず、個人の信念やコミットメント、希望さらには夢といったきわめて人間臭い、身体性に基づく主観的な知が息づいていた。情報はすでに在るものだが、知識は人が創り出すものだ。この気づきは、マイケル・ポラニーの「すべての知は暗黙知に根ざす」という指摘につながっていった。そのようなところから、本格的な知識創造理論の研究がスタートしたのである。

ドラッカーは『ポスト資本主義社会――二一世紀の組織と人間はどう変わるか』（一九九三年、ダイヤモンド社）で「知識社会」というコンセプトを提示したが、これが『知識創造企業』（*The Knowledge Creating Company.* 邦訳、一九九六年、東洋経済新報社）の一つの指針となったことは間違いない。この本の日本語版刊行時に、ドラッカーから推薦文をもらったのもその一つの表れだった。

知識創造企業とは知識社会を実現する重要なプレーヤーである。それは善や理想、倫理を高く掲げつつ、他方においてきわめてしたたかでもある。したたかさとは、徹底的にアクチュアルな現実に入り込み、その背後にある本質を見抜き、それを万人がわかるような物語にして人を動かし、共通善を実現していく存在といってよい。こうしたアプローチは、理想主義的リアリズム、理想主義的プラグマティズムと呼んでもよいだろう。

ドラッカーの提起した知識社会というコンセプトは、例によってコンセプトに留まっており、理論化はされていない。そこで、個々の企業にとって知識を持続的に創造する経営とは何なのか、いかなる基礎的条件のもとにそれが可能となるのか。それら具体的様相を明らかにするのがわれわれにとっての問題意識たり続けてきた。すなわち、ドラッカーが大きく捉えたコンセプトをわれわれは個別かつ詳細に、そして実践的な理論としてモデル化を進めてきたのである。

結果として考えると、ドラッカーと深い次元で一つの連続性のもとにあったように思われる。ドラッカーは知識社会というコンセプトの提唱を通じて、知識を明確な知的射程に収めていた。他方われわれは知識創造（knowledge creation）を鍵概念として、マネジメントを分析してきた。いずれも知識が中心をなす。マイク・C・ジャクソンという英国ハル大学の研究者が書いた論文の冒頭がその関係を見事に表現している（Mike C. Jackson, "Reflections on knowledge management from a critical systems perspective," *Knowledge Management Research & Practice*, 2005, p. 3.）。

> 「ドラッカーが知識社会のアイデアを導入し、野中が知識創造企業の理論的枠組みを提示したのは、そう昔のことではない。現在までに、持続的経済成長における知識の本質的な役割を洞察したドラッカーと、企業の長期的競争優位の源泉として知識の役割を広く認識させた野中は、マネジメントの理論と実践にきわめ

て重要なインパクトを与えた。

It is not long since Drucker introduced us to the idea of the knowledge society’ and Nonaka set out the basic requirements for a ‘knowledge creating company.’ In the short period between then and now, Drucker’s insight into the essential role of knowledge work in ensuring continued economic prosperity, and Nonaka’s recognition of knowledge as the unique source of lasting competitive advantage for firms, have had a very significant impact upon both management theory and practice.」

だが、指針としてドラッカーは役立ったけれども、実際にわれわれが知識創造企業の研究を進める上で具体的に参考にしたのは、ポール・ローマーの経済成長に関する理論など、経済学者たちによる緻密な仕事だった。かねてより知識は経済学の分野ではあまりきちんと分析対象とはされてこなかった。数少ない研究者のみがその仕事をしてきた。

経済成長であればローマーの仕事が一級だった。イノベーション理論との関係で言えばシュンペーターがいた。彼の議論を応用した実証研究から知識創造企業のコンセプトが形成されていった。シュンペーターはきわめて重要だった。市場観としてはハイエクがいた。彼らにとっては均衡などというものはなく、それはつくり上げられていくものだった。市場を均衡の場ではなく創造の場であるととらえる考え方だった。そのように考えると、オーストリア学派の考え方は、知識創造企業のコンセプト形成と深い関係があったことは間違いない。

大局をとらえる能力をドラッカーに学ぶ

なぜドラッカーは次々と新しいコンセプトを世に問うことができたのか。NPO、事業部制、知識社会、知識労働者など、彼の提示したコンセプトは常に時代を先取りしていた。彼にはなぜそれが見えたのだろうか。

私の見るところ、ドラッカーは時間的・空間的に大きな関係性で物事を見ていたからにほかならない。しかも、その関係性の幅が人並み外れて広かったのだろう。このような知の関係性を深め広げるには、リベラル・アーツを学ぶほかはない。

これもまた、かつてドリス夫人から聞いた逸話である。ドラッカーは文学の中でもとりわけ英文学を好んだという。晩年にいたるもシェイクスピア全集を集中的に読んでいた。愛読書は、ジェイン・オースティンの『高慢と偏見』だったという。私は実際にドラッカーの自宅に伺い、彼の書斎を見たことがあるが、マネジメント関係の本は、自己の著作を除いてほとんど見当たらなかった。歴史書・哲学書・文学書が多かった。

また、ドリス夫人によれば、ドラッカーはイギリスのジェントルマンを理想像としていたという。オースティンが好きだったのもうなずける。ジェントルマンはあくせく働く必要はない。その代わりスポーツと思索に没頭する。教養が生活のすべてである。そのような英国の知のルーツに彼は関心を持っていたようだ。彼自身イギリスにいたこともあったし、結婚したのもイギリスでだった。

ドラッカーは、ナチスに果敢に立ち向かい欧州文明を守った第二次大戦の英雄ウィンストン・チャーチルを高く評価した。他方でチャーチルも彼の書物を評価し、『「経済人」の終わり』を軍の幹部候補生に読ませたという逸話が残っている。

ドラッカーやチャーチルに共通するのは「歴史的構想力（historical imagination）」だ。それは、現在の状況や文脈の背後にある関係性を時間的・空間的に深く洞察して、現在から過去を再構成し、未来に向かう物語を創造する力である。彼らは、歴史書・哲学書・文学書を読み、この力を磨いたものと思われる。また、彼らの共通点を考えると、アリストテレスのフロネシス（phronesis）にたどり着く。フロネシスとは、賢慮（prudence）、実践的知恵（practical wisdom）、あるいは実践理性（practical reason）を意味する概念である。われわれは、「共通善（Common Good）の価値基準をもって、個別のその都度の文脈の只中で、最善の判断ができる実践的な知性」であると定義している。つまり抽象論や観念論ではなく、実践の場での生き生きとした知恵である。ドラッカー自身はフロネシスという語は使わなかったけれども、その発言は実践知に基づく内容だったように思う。また、チャーチルのリーダーシップ・スタイルは、実践知を体現するものだった。

ドラッカー、あるいはチャーチルのこうした能力は例外なのだろうか。凡人にも習得できるものなのだろうか。私は、彼らには及ばないながらも、近づいていくことは不可能ではないと思う。しかし、それはＭＢＡ教育のようにマネジメントを科学として捉えて、理論やコンセプトを分析的に現実に当てはめることからは学べないだろう。むしろ、アートの側面を強調する必要がある。アートは人間の価値観と無関係ではない。常にいかに生きるかという問いと無縁ではいられない。この点は、ドラッカーから学ぶ最も重要なポイントでもある。

実際にいくつかのビジネススクールで教育カリキュラムの変革がはじまっている。焦点はいかにしてリベラル・アーツを取り込むかにある。その際大切なのは関係性の洞察だ。パターン認識の深さと広さと言い換えることもできる。つまり、どれだけ大きな関係性で世界を把握できるか。これは日常的なハウツーの関係性ではとても見えてこない。

しかも、五感を駆使した経験をベースにして鍛練する必要がある。この意味では、徒弟制を二一世紀的なかたちで復活させることが重要になってくる。この指摘は欧米でも出始めている。たとえば、良き手本を示す「エグゼンプラー（exemplar）」や「メンター（mentor）」は欧米の人材育成においてよく使われる言葉だ。Knowledge by Exemplification、具体的な手本を媒介にして知を伝える。知識創造のＳＥＣＩモデルの共同化（socialization）のプロセスである。暗黙知を暗黙知のまま、共感・共振・共鳴によって伝え合うのである。したがって、良き手本には「私の経験によれば」というものがなければならない。それに加え、そのつどの対話の方法、間の取り方、タイミングの取り方、魅力的な言動、要は学ぶ側がこうなりたいと思う立ち振る舞い、そのようなものも持たなければならない。

また、暗黙知を形式知にして伝えることも重要だ。言葉に変換することによって、暗黙知を顧みることとなり、元の暗黙知の質が高まるからである。その際最も重要になるのは対話である。知識は人と人との関係性の中から生み出されるものである。そうした関係性を創るには、相互理解や相互浸透が重要となる。

そもそも対話は、欧米のプラトン以来の伝統である。プラトンの書物はすべて対話形式である。対話には弁証法という正反合で考えていく方法があり、弁証法には二種類ある。一つは意識的に否定を入れ込んで行くスタイルの「ハード」な弁証法、もう一つは否定を入れずちょうどブレインストーミングのようにすべてを受け入れていく「ソフト」な弁証法である。後者を活用できればより大きな関係性が見えてくるだろう。そのような関係性の中で自己を認識させることは教育上大きな効果がある。部分と全体がスパイラルに連動するようになり、フラクタルが形成される。

かかるソフトな弁証法が成立するためには、対話のなかに言語のみならず、身体レベルの対話を組み込むことが重要だ。身体知の共振、すなわち暗黙知と形式知をスパイラル状にする土壌が必要である。そのような文脈を形成するのが「場」である。場は物理的空間そのものではない。個々人の関係性（文脈）に成立する意味空間である。まさに「いま・ここ」の鮮度の高い、何ものにも代えられない経験を持ち寄り、共有し、暗黙知を膨らませていく。この場づくりの能力がリーダーにとっては必須のものとなる。場づくりの能力とは人間存在の根底にあるケア、愛、信頼など感情の知（社会資本）と文脈・コンテクストを共有する場をつくる能力だ。日常のありふれた言語・非言語的コミュニケーションでの他者の気持ちの理解、共感、感情の機微の察知、自他相互介入のタイミングと限界点への配慮等を通じて養われる。

二一世紀型の徒弟制で重要なのは、ＩＴツールの活用である。デジタル化が進むことによって、暗黙知が豊かになる可能性がある。暗黙知とはともすれば保守的になりがちである。それを革新するためには、絶えざる挑戦に晒され続けなければならない。つまり、形式知への意識的な変換が必要だ。ＩＴツールをバランスよく活用することによって、タイムリーなアナログとデジタルの相乗効果が期待できる。そのためにも実践知リーダーの存在が不可欠となる。リーダーには「修羅場の経験」がなくてはならないし、場づくりの能力がなければならない。そのような条件を満たしていかないと逆に形式化が暗黙知を殺し、知識破壊につながる恐れがある。バランスの力が重要となる。賢い判断を行うリーダーがいないと、うまくいかない可能性が高い。

実践の只中で考え抜く

ここまで見てきたように、ドラッカーの示したコンセプトは、二一世紀の今でも色あせてはおらず、むしろ、古典としてますます学ぶべき示唆に富むと言えるだろう。実務家はいっそう突きつめてドラッカーを学んでいくとよい。彼はそれに値する存在だ。そして、実践の只中で深く考え実践することだ。動きながら考え抜くことだ。contemplation in action と私は表している。つまり、行動の只中の熟慮だ。

ドラッカーは自ら概念化の能力を鍛えるにあたり、絶えず新たなテーマを見つけて数年おきに徹底的に学んだという。問題（タスク）を設定し、知的枠組みを組み替えていった。すなわち、形式知ベースの教養も怠りなく身に付け刷新していったということだ。同時に、シェイクスピアをはじめ、世界の古典的文学・芸術をも渉猟し、没するまで世界の幅を広げることをやめなかった。そのような姿勢から学べばよい。

動きながら、考え抜く。実践の只中に身を投じながら、客観的に考え抜く。行動しながら、傍観者のごとく距離をとり、現実を見つめる。そこから屈折する像を独自に解釈し、コンセプト化する。彼が生き生きとしたコンセプトをつくる名手だったのは、現実を直観するときに通常の人が見えないアクチュアリティを見ていたからだ。企業人でも出来る人は走りながら考えている。アクチュアリティの只中で、客観的に考え抜いている。それはドラッカーが身をもって示した姿勢でもある。実践知の方法論から学ぶべき点は限りなくある。

言ってみれば、哲学・歴史・文学の役割、人間の本質を究明していく部分、マネジメントにはそのようなところがますます必要になると感じる。かつて私は経営者には詩人の力が必要と言ったことがある。茫漠とした現実を端的な象徴言語で表現し、人を内側から動かす。ドラッカーという人と思想を見ていくときに、哲学・歴史・文学からのとらえ方も有効であろう。

行き過ぎた資本主義が行き詰まりを見せている現代《いま》、あらためて『ポスト資本主義社会』を読むと、ドラッカーは今から約二〇年前の一九九三年に、既に資本主義に対して悲観的な評価をしていたことが分かる。確かに、物質的な豊かさを追求する資本主義は、物理的な資源の有限性がゆえに限界がある。そこでドラッカーが示したのは、無限の知識を基盤とする「知識社会」であった。人間の知力には限界はなく、知識は無限の資源である。ＮＰＯや社会起業へと彼の関心が移っていったのは、そうした組織が無限の知識を活動基盤とするからだろう。

また、日本との関係で見れば、ドラッカーは「知識を富の製造過程の中心に捉える経済理論が必要」であり、そのような経済理論によって日本経済の変遷を説明できると指摘した。さらに、日本は知識社会への移行へ最も準備されている国だとも断言し、その理由に、知識を輸入し生産性を向上するために必要な教養を備えていることを上げている。現代《いま》の日本がそうなっていると信じたい。

最後にもう一つ、マネジメントとはリベラル・アーツの実践だと提唱したことは、ドラッカーの見逃しえない功績と思う。豊かな現実を経験しながら、同時にその現実の背後にある本質を直観する。それを言語化するときの基礎が教養、リベラル・アーツである。生き生きとした現実やそのプロセスのなかで本質を直観することは科学のみではなし得ない。人間の主体性、特に信念やコミットメントが必要となる。このような人間の生き方に深く関わる洞察であるがためにアートとなる。マネジメントの基盤にリベラル・アーツの実践を置くのはまさにそのためである。身体による主体的な実践（practice）があってこそ、新たな知識を創造でき、新たな社会を創り出すことができるのだ。これまでわれわれが進めてきた組織的な知識創造のプロセスとその持続的な実践を推進する実践知リーダーシップの研究は、ドラッカーの *The Practice of Management*（邦訳『現代の経営』）の理論化の試みのひとつに他ならない。

〈関連論考〉

コンサルタントの条件

ピーター・F・ドラッカー／ジョン・F・ギボンズ（聞き手）
井坂康志／訳

ドラッカーがニューヨーク大学教授時代に刊行された還暦記念論文集 *Peter Drucker: Contributions to Business Enterprise* (Tony H. Bonaparte and John E. Fraherty eds., 1970, New York University Press) の1章として収載されたものである。

はじめに

経営コンサルタントとしてドラッカーが世界をリードしてきたのは誰もが知っている。その世界的影響は他を圧している。その認識がインタビューのスタートである。まずはコンサルタントとは何なのか。いかなる役を果たすものか。足かけ数十年にわたるコンサルタント人生でとられた方法はいかなるものか。そこから聞いてみることにしたい。

なお、ドラッカーの知的世界はあまりに広大であって、その頭脳の働きに思いを馳せるならば、いつしか主旨からの脱線もやむをえない。だが、そのほうがかえって読者の興味を引くものとなりうるし、何より彼の真実の姿と独自の思考法を浮かび上がらせうるものと期する次第である。

私は代打ではない

ギボンズ　はじめに経営コンサルタントという仕事について聞きたい。あなたは世界屈指の名声をすでにお持ちだ。仕事の依頼を受けて実際にとりかかるまでどう進めるか。生じがちな問題はどのようなものか。顧客の頭はどのような問題で占められているか。

ドラッカー　ここ二年ほどの経験に徴するのがよいだろう。ある老舗の大手企業と仕事をした。経営陣が刷新され業績回復を目指していた。だが今一つ軌道に乗り切れず苦闘していた。新社長には何より片腕となる人が必要だった。新旧人材の混成チームで新市場に着手しようとしていた。それを称して「計画」と呼んでいたが、なぜかうまくいかない。手詰まり感があった。老舗の大企業だ。砂浜に打ち上げられた鯨だ。腐臭さえ漂いはじめていた。

私を指名してきたのは一年ほど前だ。幹部の話を聞いた。何ら手ごたえがなかった。彼らの発想は、昨日までの仕事を幾分ましに行う程度のものだった。半世紀以上前の一九〇六年、東部オクラホマの工場新設断念を今もってくよくよしていた。未知のリスクを何より恐れていた。慎重なのは結構だが、いささか慎重過ぎるのではないかと釘を刺して、すぐ戻ると言い残してその場を後にし、別室で検討した。確かに問題は山ほどあった。だが、きちんと見れば機会もあった。覚悟さえあれば誰にでも見える種類の機会だった。だが、同社は主戦場を限定していた。機会も問題も見方一つだ。この商売をしているとしょっちゅうである。

私は小企業と仕事するのも嫌いではない。成果が見える。人も動きやすい。ある急成長企業の仕事を引き受けた。成長企業の多くは、財務的制約をわずかでも超えるとたちまちにして破綻に瀕する。そこも同じだった。社長は自分に代わって私に経営してくれないかとまで言ってきた。もちろんお断りだ。経営の代打はしない。確かに、経営者にも代打がありうると最初に言ったのは私だ。だが、できない。第三者あっての代打である。打撃は得意に決まっている。だが自らの立ち位置は別の誰かに判断してもらわなければならない。

もう一つ例をあげよう。ある企業と良好な関係にあった。異常なほどの急成長を遂げていた。そこはかなりの大企業で、海外にも進出していた。新任社長は会社の成長と共に昇進してきた人だった。五年、遅くとも八年内には再編しうると考えていた。その姿はもはや小企業ではなかった。だが、四半世紀前の創業時の姿勢が捨て切れずにいた。何より内向きだった。結果、社員は目の前の仕事に忙殺されるだけになっていた。

それでも一五億ドルもの売上げがあった。決して悪くなかったが国内事業と国外事業の間の深刻な断裂があった。ごく限られた市場からスタートした。成長市場だったため、新製品をどんどん投入していった。その後他社が続々と参入してきた。本来の市場から離れたとたんにうまくいかなくなった。本来の市場に強みがあるのは財務数字からも明らかだった。だが少しでもそこを離れると成果は惨憺たるものとなった。

そんななか社長が言った。「私にコンサルタントは必要ない。耳を傾けてくれる人がほしい」。そこで私に白羽の矢が立った。私は個人営業で生身の人間だ。耳がついている。コンサルティング会社も選択肢にあったようだが、残念なことに会社には耳がついていない。

顧客が必要とするものは何か

――なぜそうなったか。

ドラッカー 会社にはそれなりにコスト観念がある。なるべく若手のコンサルタントをということになっていた。実際、若者でもこなせる。それにあまりに報酬が高いと売上げが食いつぶされてしまう。

コンサルティング会社などではすでにベテランが顧客と信頼関係を結んでいる。継続的な関係がある。だが、あなたや私のような個人営業では必ずしもそうではない。それでもクライアントにはきちんと聞いてくれる部外者が必要だ。トップにいる者にとって耳の痛いことをずけずけと言ってくれる人はどうしてもなければならない。できる人でなくてもかまわない。むしろ長期にわたり経営者のそばにいて、付きそうだけでもいい。

それだけで一つの仕事たりうる。だが、それだけではコンサルタントの高給は稼げない。会計士や弁護士、かかりつけ医などに近い専門機能もなくてはならない。

私の場合はまず耳を傾ける。その後で助言する。「マネジメントには最低限の情報収集の仕組みが必要だ。いくら集めても体系性がなければごみの山だ。まともな情報一つ得られない」。そんなふうに諭したりする。相手が必要とするものは何か。経営者が求めるものは何か。その問いからメモをしたためる。三〇から四〇ページにまとめる。そこから仕事に入る。現在手にしうる戦略、課題、前提条件を示す。何をなすべきか、その礎を明らかにする。

――あえて言えば診断医だ。

ドラッカー　確かに――。指にとげが刺さったくらいのものなら専門医に見せるまでもない。その場で私が抜く。

現状見る限り、役員報酬制度が害をなすことがあまりに多い。本当にまともなものがない。「御社のものは報酬制度の体をなしていない」とはっきり言わないとわかってもらえない。数字でごまかすことはない。もしあなただったらどうするか。財務責任者を呼びつけて事実関係を調査するか。だが、それでも本質は見えないし、後で火種になる。

私ならまず人事担当者と会う。税務のことは知らないし、ストック・オプションのことも知らない。ただ人の問題を聞く。何をしているかを見る。それに一月かける。

役員報酬の泣き所は人材にある。できる人間が他社に引き抜かれるのは問題ではない。真の問題は二流の吹きだまりになることだ。そうなると、有能な人材を明日の成長分野に投入できなくなる。人事の新陳代謝も悪くする。いわゆる大企業病である。外科手術さえ必要になる。数字で偽装されただけのいんちきな役員報酬プランはやめてしまうのが賢明だ。

「経営者の先生」

――あなたのコンサルティングは、ある種在野の精神科医のごときものと言われたことがある。自らコンサルティングに携わった研究者リンドール・F・アーウィック（一八九一～一九八三年）などはあなたを称して「経営者の先生」とした。精神科医と教師という二つの顔を持つと理解してよいか。

ドラッカー 冗談として聞いてほしい。私はもぐりの精神科医と思っている。まず、コンサルタントは職業柄クライアントの来歴から問題関心まで山ほど聞く。つい右から左に流れてしまうものもなくはないが、一般にクライアントの語る内容の多くは傾聴に値する。経営者が孤独というのも一面の真理である。だがそれだけではない。

むしろ人間の問題である。クライアント一人ひとりと親密な関係を育んできたと言いたいわけではない。しかし、関係のまずい人と一緒に仕事はできない。そんな人間的次元の問題が時として仕事とも深く関係して来る。一見複雑な構造問題が、単に感情に発する場合さえある。別段悪気はない。ただ理解が足りない。同じことを話しているのに、何かいつもかみ合わない。二〇年一緒に働いてわかり合えたためしがない。そんなものは精神分析の仕事である。だが、われわれが用いる方法は本職の精神分析医はまず受け入れてくれないだろう。

ところで、あのリンドールが私を「経営者の先生」というのか。今ひとつよくわからないが——。漠然としたものに聞こえる。

——それはたぶん………。

ドラッカー ちょっと説明してくれないだろうか。

組織はマネジメントされていない

——少し考える時間がほしい。その間別のことを聞きたい。確か半ば冗談であなたが言ったことだと思うのだが、きちんとマネジメントされるアメリカ企業はせいぜい三％から五％程度だと。

ドラッカー　そんなに高いと言ったか。そのときは少し楽観していたのだろう。だが、きちんとマネジメントされていないのは一般に企業だけではない。医療機関、政府、大学も同じくらいにマネジメントされていない。人間の本来持つ力を体系化するのはそもそもが容易な仕事ではない。摩擦も生じる。エネルギーの浪費はきわめて大きい。

まず、すぐれたマネジメントとは何かを問わなければならない。名は伏せるが、昨日ある大企業の幹部と会ってきた。業績不振部門の新任幹部と話をしてほしいと言われた。部門売上げは一億ドルに満たないのに、五〇もの製造ラインがある。ほとんどは一製品あたり一〇〇万ドル程度しかない計算になる。それでも、陣容は立派で、さらに製品を出そうとしている。

加えて、小規模ロットのものがあった。木靴だった。一一種もあって、全売上げは一一〇〇万ドル、間接費の項目は二〇〇もある。とても手に負えない。しかも間接費の大半はそのまま売り値に転嫁され利幅が大きいだけでまったく売れていなかった。今どき誰がクロム貼りの木靴を好き好んで買うだろうか。次のように助言した。

「こんなにごちゃごちゃしたなかでちゃんと利益が出ているのは二つか三つだ。思い切ってやめてもいいものは何か。一年で売上げが五倍になるものは何か。聞かせてほしい」。相手は馬鹿ではなかった。現状認識と行動力に問題があることを知っていた。それでも、五〇の製品をやめるふんぎりがつかなかった。なお全製造ラインに執着さえした。

消費者も流通業者も名も知らない製品ばかりだった。テンソルランプがあるかと思えば、コーヒー沸かし器がある。いずれも金属板を使用するくらいしか共通点がない。すべて同部門で製造されていた。全製造ラインなど幻想だった。さらには上位を占める優等生さえ不振になっていた。誰も自ら知るところを実行に移すだけの勇気がなかった。

なかにはすぐれたマネジメントが行われる企業もないとはいわない。だが例外とする意見を変えるつもりはない。

——現在は多少ましになりつつあると言えるか。

ドラッカー まったくだめだ。見た目ばかり立派で中身が伴わない。

コンサルタントは教育者か

——アーウィックに戻りたい。あなたを経営者の先生とした件だ。個で活動するコンサルタントは教育者でもあるか。言わんとしたところはそこだろうと思う。

ドラッカー たぶんそんなところだろう。確かにクライアントが何を持ち帰り役立ててくれたかは一つの尺度だ。業績への直接的貢献以上の価値を持つ。とはいえ、私にできるのは働きかけることだけだ。

——次に聞きたいこととつながってくる。成果の尺度は何か。独自のものはあるか。

ドラッカー なくはない。私は年に一度あらゆる仕事を振り返る。現実はなかなかそうもいかないのだが、三週間ほど確保してそれ以外の予定は入れないようにする。しばらく前にGEで分権化等の組織改革プロジェクトを指揮したハロルド・スミディから教えてもらった尺度がある。あるクライアントにいたくがっかりさせられた話をスミディにした。そのクライアントは私が何を言っても「すばらしい、いいですね」しか返してくれない。そのくせ何も変わらない。スミディが教えてくれた。「何もがっかりしなくていい。尺度は相手の反応だけではない。実際の意思決定も見てみるとよい。いくばくかなりともあなたの考えが反映されていれば、役立ったことになる。そうでなければ手を引くことだ」。結局一年を待たずに私は手を引いた。確かにその尺度は役立つと思った。

もう一つはクライアントの目線の変化を観察するようにしている。何を中心的に仕事を見ているかだ。目線は人が能力を発揮する上での鍵となる。主観を伴う尺度だ。

例を挙げよう。ニューヨークの大銀行だ。私の仕事を評価してくれていた。だが、何の貢献もしていないのは誰よりも私が知っていた。すぐに手を引いた。以来その仕事は受けていない。今も彼らは私のファンといっている。他社にも私を推薦してくれる。それでも、私は何も貢献していない。彼らが自尊心を満たしただけだ。

なぜそうまで断言できるか。そこにいた誰一人私の言うことに耳を傾けなかった。それだけではない。私ならそういうだろうという思い込みでしか聞いていなかった。実績と名声ある人としか思っていなかった。お墨付きがほしいだけでコンサルを雇う会社も決して少なくない。だが、この銀行はそうではなかった。みなが真面目だった。人間関係には非の打ち所がなかった。それでも、私には役に立てる手ごたえがなかった。原因を見極める時間をとるのさえ無駄な場合もあるのを私は知った。

私の仕事は人の代わりに考え抜くことにない。何をなすべきかを引き出す助力のみである。最近の例である。ある企業から依頼があった。やはり成長企業だった。自分たちが思うほどではないにせよ、かなりのスピードで伸びてはいた。実質的に単独の経営者が支配していた。私が助言したのは、まず本来なすべきなのになされずにしまった事業を考え抜くこと、そしてそのなかでの自らの果たす役割を徹底的に理解すべきことだった。そのためだけに数日をかけよとまで言った。

同社幹部はシンプルなマネジメントを都合よく考えていた。その証拠に、全権限を事業部から単独管理体制に移行させようとしていた。それ自体は決して珍しくない。だが、誰にも責任を持たせなかった。社員はメッセンジャー・ボーイではない。それをマネジメントとは呼べない。現在裏目に出ているのはみなそれが原因である。決して悪気はなかった。むしろ人間的にはよい人たちだった。だが、事態は容赦なく悪い方に向かった。

人に信を置くことをしなかった。生き生きと人に成果を上げることを許さなかった。それが成長への足かせとなった。同社幹部はその結果が自ら招いたものとは考えなかった。急遽新体制への移行がはかられた。そこで私が助言したのは次のことだった。まず現状ではいけない。本来なすべきことを考え抜くことだ。そこから展開の道筋が開ける。むろん一般論だ。私個人の意見など意味がない。そこでもう一度腰を据えて月末までの三日間話し合いに費やした。ようやく次の展開が始まった。そのときは拙速を避けるだけの時間的ゆとりがあった。基本的な考え方を討議できたのは幸いだった。

そんな場面は私はひたすら耳を傾ける。そして問う。「理解できない。何が言いたいのかわからない。あなたは事業を手にしたが、他の者を全員放置しているという以外にない。それでうまくいったか。事業はいかにして手にしたのか。なぜ社員が来てくれたのか」。相手は答える。「私たちは現状にふさわしい事業をしている」。私は続けて言う。「なぜ社員がここにいると思うか。ほかに行くところがないからだ。そんな彼らを放置し続けたら、約束の履行を怠ることになる」。

同社の幹部は憮然としていた。現在どうなったか知らない。このようなものをコンサルティングと呼んでよいか。ひたすら耳を傾け、結果相手が意味を手にする種類のものだ。

コンサルティングを引き受ける尺度

――教育とは本来そのようなものではないか。

ドラッカー　だが私は教師業のみにどっぷり浸かったことはない。むしろ学ぶことに心惹かれてきた。そこにコンサルタントとしての隠れた資質があるようにも思う。

――実際各方面から引っ張りだこだ。

ドラッカー　そのように見えるのも無理はない。

――仕事はどう選別するか。何を進んで引き受けるか。

ドラッカー　まず、昔なじみの義理がある。基本的には引き受ける。例外もある。公私ともに親しいクライアントがあったが、遠慮させてもらったことがある。実際私はどんな大企業でも断るべき時は断ってきた。同社経営会議の席で、副社長が私を全員に紹介した。「ドラッカー先生を改めて紹介するまでもない。もはや家族同然、わが社の一員だ」。その日が最後となった。役立てなくなった。ただのお世辞ならばよかった。だがそこには、私が次期社長候補として暗に彼を推挙し、それを他の役員に印象づけるかのごとき含みがあった。有名な「ヒポクラテスの誓い」に、「知りながら害悪をなしてはならぬ」という。コンサルタントもクライアントを常に益すると保証はできない。だが、知りつつ相手を損なうのは職業倫理に反する。私は同社を去った。

むろん多忙というのも時に断らざるをえない理由の一つだ。だが義理もある。友人もいる。これが個人営業の醍醐味だ。常に人が相手だ。野菜や果物を相手にするのと違う。それと、仕事とそうでないものをなるべく区別しないようにしている。報酬のないものもある。実際のところ、意識して私は無償の仕事もしてきた。人というものは年齢を経るほどに金銭を超えた何かを求めるようになる。ここしばらくその割合はかなりものになっている。バランスよく進めていきたいといつも思うのだが、いかんせん計画というものがさほど得意でない。

そんなこともあって、なるべく小さな組織と付き合うようにしている。新たな課題に挑戦できる。現実世界が見える。

私は学ぶことを中心に世界を見てきた。まがりなりにも事業の発展のお役に立てたのはそのおかげと思う。だが、マネジメントがここのところさほど関心を引かなくなった。学ぶべきことがなくなったからではない。むしろ近年私の関心は政治学的なものに回帰しつつある。一五年ほど前などは、トップマネジメント関係の仕事に意識して取り組んでいた。学ぶ必要があったからだ。現在さほどの関心はない。来年になればまた変わるかもしれない。

いずれにせよ自分を役立てられるもの、強みが発揮できるものを探す。私の強みは、基本戦略の所在を探り当てることにある。意味ある意思決定を徹底的に考え抜くことにある。現実の物事を前に進めるのは、正直言えば私以外の誰かがやってくれればいい。強みもないし関心もない。

たとえば、瀕死の企業を再浮上させるのに関心がある。野心的だ。死んだはずの人が一年後元気にぴんぴんしていたら、誰でも驚く。どんな沈没寸前の船も浮上できる策はある。そこを探り当てるのが心を奮い立たせる。もちろん衰退企業ばかりと付き合っているわけではない。正しい行動は事態を不安定なものとする。人種も文化も違う多国籍企業のトップマネジメントチームにここしばらく関心を寄せてきた。役立てるか、学べるか。そこが尺度である。今まで五回もやってきたことをまた頼まれたら正直うんざりである。役に立てない可能性もある。そんなときは、深く考えずに決めてしまう。

若いマネジャーに必要な姿勢

――なるほど。興味深い。

ドラッカー　理屈がないものもある。

――若いマネジャーに教育を行うときなどはどうか。

ドラッカー　彼らが何を求めているか。簡単だ。道具箱にどんな道具があるか、それを知りたいと思っている。道具箱のものすべてを完璧に使いこなせる人はいない。だが、何があるか知っておくのは必要だ。会計やマーケティングはさして難しいものではない。誰もが修得すべきものだ。そのためには講義、書物いろいろある。大切なのはいかに学ぶかだ。書物から学べない人がいる。講義から学べない人もいる。私の知る中には講義、書物ともに学べない人さえいる。実は私もそうだ。私は教えることによってしか学べない。

次に人は自らが何者か、強みは何かを知っておかなければならない。若いマネジャーに私がまず聞くのはそのことだ。「問題に焦点を合わせてはいけない。ここ数年で最もうまくいった仕事は何か」と問う。多くはそんなことさえ意識せずにいるのは質問してみるとわかる。質問自体が相手を驚かせる。次に言う。「それでは一週間前を思い出してみよう。いつもよりうまくできたことはないか。なぜうまくできたのか。何を学んだか。強みは何か――」。

そうすると、人を観察し行動様式を分析するのに強みがある、人に生き生きと働いてもらうのに強みがあるといったことがわかってくる。若いマネジャーのみの問題ではない。強みを知るとは、誰もが人としての成長を手にするプロセスそのものである。

同時に、いかにして強みを現実に適用しうるかをも知らなければならない。弱みが克服可能とは考えない。第三はコミュニケーション・スキルと言いたいところだ。だが、巷で言われる意味とはだいぶ違う。人には自分が何者かを他者に理解してもらう責任がある。私の言うのはそれだ。スキル以前である。知るべきことに進んで目を向けることだ。そのことを若いマネジャーに伝える。組織の理解はそこからはじまる。

組織の真の姿は何か。人間集団だ。コミュニケーション・スキルなどではない。そこには英語を手足のごとく使いこなせる者は一人もいないかもしれない。そんなことは問題ではない。英語を教えてもらう必要がある。誰が何を知るべきか、そのほうがよほど大切である。その点を若きマネジャーには理解してもらう必要がある。組織の責任はそこに尽きる。コミュニケーション・スキルなど必要ない。私自身そのようなものに心動かされたことはない。

全世界が図書館

――コミュニケーション・スキルは成果ではないと。

ドラッカー　そうだ。似て非なるものだ。自らを理解してもらう、それが仕事である。私は物事を理解しながら前に進めていく。それがなしうるかは私の働きぶりいかんにかかっている。少なくとも理解を伴わずに前に進むことはできない。相手も不安になる。場合によってはいつもと異なる方法をとることもある。

私はクライアントの想像を遙かに超える数のアイデアや分析を出すことにしている。それを理解する者はいない。その間半年ただぼんやりする私をみなが遠巻きに眺めている。そこで私は彼らのところに行って話す。何か言いたいからではない。教えてもらうためだ。さりげなく教えてもらう。組織の感性はそうして知ることができる。

そもそも組織は理解と信頼の上に成り立つものであって、職階図の上にはない。理解のないところに信頼はない。若い人ほどそんな基本を知らない。そんなとき純粋さほど始末に負えないものはない。ある種の純粋さ、熱血は扇動政治家や独裁者の証だった。今世紀最大の純粋な人物を上げろと問われれば、私はヒトラーと答えざるをえない。だが、若者がそれを理解するのはなかなかに難しい。

少し別の視角をとってみよう。すぐれたサッカー指導者とそうでない者と何が本質的に異なるか。すぐれたコーチは、フォーメーションの数以前に、なされるべきプレーが何かを徹底的に考え抜く。もちろん、フォーメーションはある程度なくてはならない。そうでなければ選手は何をすればいいかわからなくなる。だが、必要を超えたプレーは誰も求めない。すぐれた指導者は試合の状況を見て、そこからシナリオを組み立てる。学習能力の高い選手なら一を聞いて十を知るだろう。さらに自己流に応用もしてみるはずだ。要は新しい課題にはそれまでと違う方法で考え抜くことが避けて通れない。それは容易ではない。だが人が学ぶべき姿勢である。

――経営教育の一環としてマネジメント・ゲームなどは役立つか。

ドラッカー　そのようなものは知らない。学校ではおよそ現実を反映しないものばかりが教えられている。取組みとしてはそれなりにおもしろいものかもしれないが、事業の現実こそが教えられなければならない。今あるものは見かけ倒しだ。すぐれた意思決定が自動的に促成栽培できるかのように考えられる。すぐれた事例の基礎は意思決定にはない。学ぶことにある。

――同じことは自己啓発にも言えるのでは。

ドラッカー　そのとおりだ。そこで少なからずスキルが生きてくる。ゼネラリストとジャーナリストを同じ人種と思う人が多い。間違いだ。広く浅い知識を持つからゼネラリストなのではない。広く浅い知識はジャーナリストの特性だ。この分け方はかなり役立つ。両者を混同しないことだ。

ジャーナリストは話せるし書ける。そこに長けているほどに有能である。だが話し書けることを実行できない。冗談と受け取ってほしいのだが、口先だけなら私は自分がさる医学の権威であるとその筋の専門家にさえ信じさせることもできなくはない。だが、いざ執刀してみろといわれればできるはずがない。

では専門家のほうはどうか。ジャーナリストの知ることを知らない。ジャーナリストは電話三本であらゆる情報を仕入れ、そこから必要なものを探し当てる。だが専門家は何をすれば必要な情報が手に入るのか知らないし、必要性を評価できない。口先だけの人と信頼に足る人の見分け方さえ知らない。若いマネジャーは人に教える方法を習得しなければならない。世界全体を情報システムとして利用できるようにならなければならない。彼らは人に聞けない。砲兵学校の射撃の授業では、一発目と二発目はわざと外せと教わる。一発目は上に外し、二発目は下に外す。三発目で初めて的を射抜けと教わる。無駄がなければ当てられない。彼らが知らずにいるのはそのような種類の知識である。

ただ闇雲に情報を探し回っている。きちんと手順を踏むべきことを知らない。ジャーナリストという人種は、たいした腕のない者でも、その技法を早く身に付ける。決して難しくはない。明日には知らなければならないことなど山ほどあるのだから、今は一呼吸置いて考えてみる。今日の午後には数時間、中心人物と話してみる。そんなことからどこに行けばいい情報が得られるかがわかるようになる。ゼネラリストはその方法を知らずにいる。

——学校でもそこまで教えない。

ドラッカー　ちなみに私は図書館に調べにも行かない。人に聞いてしまう。そのほうがいい情報が速く集まる。

——確かに……。

ドラッカー　人がこんな本があると教えてくれる。それを見てみる。ジャーナリストのいい加減な習性だ。やってみると悪くない。いわば全世界が図書館だ。若者が学ぶべきはこの発想である。昇進するほどに知らないことも増える。人に理解してもらわなければならないことも増える。少なくとも、自分の言いたいことくらいは知っておかなければならない。所詮すべてに通暁するなどかなわない。ならば、情報収集法を早いうちに知っておかなければならない。

専門家の責任

——若いマネジャーのことを聞いたが、もう少し突っ込んでみたい。組織で働く大勢の若き専門職だ。彼らには専門知識がある。しかるべき肩書きもある。その際、責任はどう考えられるべきか。専門職はいかに動くべきか。

ドラッカー　現状、やや問題だと思う。すでに今日専門職の役割が行き過ぎているように感じる。専門知識を思考の代用物としている。間違いだ。ハンマーを片手に家を建てようとしている。はじめから用途が違う。

若者が学校で学びうるのはスキルである。理解力は学べない。そもそも学校は理解する力を学ぶようにはできていない。何より他者への共感を学ぶようにはできていない。私はゲーテによる次の章句が好きだ。「才能は孤独の内にのみ育まれ、人格は試練の内にのみ鍛え抜かれる」。きわめて深い人生への洞察がある。

学校は閉鎖空間である。同世代の人間しかいない。実社会ではそんな場所はありえない。不自然である。あまりに均質であって、異質な経験のもたらす交流がない。一七の少年は自分同様に世の全員が同じように異性を知らないと考えがちだ。もちろんそんな馬鹿な話はない。だが、同質的な集団ではそんな非常識が常識となりうる。要は似た者同士が同じ場所をぐるぐる回っているだけだ。どこにも行けない。

専門職教育でも同じだ。若くて優秀で意欲ある者には、数学で博士の学位をとらせるより先にオペレーションズ・リサーチを教える方がずっといい。多少の例外がないわけではないが、私なら専門家が自分の専門知識にあぐらをかくのは許さない。

熱電灯の技術についてその道一筋で行こうとする者がいるとする。その人が四五歳になるあたりには、確実に自分をもてあますようになる。家族や同僚の厄介者にさえなる。しかもそのあたりには後生大事にしてきた専門知識が別の知識に取って代わられるなど十分にありうる。

私もその問題には取り組んできた。置かれた状況は実にさまざまだった。医療機関などでは、企業よりはるかに極端な形で問題が噴出していた。チームにあって人は資源であるとともにメンバーでもある。クオリティ・コントロールによる管理は万能ではない。私はなぜ神が世界を創造したのかは知らない。だが、少なくともクオリティ・コントロールのためでないことくらいは知っている。経営幹部は「なぜクオリティ・コントロールなのか」と問わなければならない。そこが始まりである。

私がこじんまりしたリベラル・アーツの女子大で教えていた頃のことだ。学生には常々複数の専攻を同時履修するよう言っていた。新入生に希望する課程を尋ねる。語学専攻を希望するなどと言うと、私は美術専攻を勧めたりもした。もともと絵心はないわけだから、多少でも上達すれば儲けものだ。画家になれるはずはない。むしろ学ぶことに意味がある。得意でないことをやってみる。自分自身を知る。結局向いていなかったと知るだけかもしれない。それでいい。せめて愉しみくらいはわかるようになる。

三〇歳になるまでにそんな経験を持っておくことだ。それより前に一つに限定するのは早過ぎる。人は自らの上げうる成果とそのもたらす喜びを知らなければならない。一度でも経験があれば一生手ごたえは残る。若いうち何かに真剣に取り組めば、望む成果は手にできなくとも、心の高揚感は忘れることがない。三〇歳前が肝心だ。自分のできないことを知るのも無駄ではない。限界もわかる。実は今も私はそれがうまくできない。人に何か新しいことをやるよういわれると、やってはみるが失敗は火を見るよりも明らかだとつい言い訳してしまう。守るものの少ないうちに経験しておくのがよい。

私は高度な知識を持つ専門職の人々ほど外に連れ出すようにしている。マーケティング・プランの達人のところにその人をつれていくといい。専門知識が自分が思うよりはるかに広範な用途を持つことを知ってもらうためだ。

私などは一六歳の女の子が一本のヘアピンをいくつもの用途に巧みに使うのにいたく感動させられる。きわめて独創的である。むろん専門知識はコンピュータのように何にでも応用できるものではない。用途を絞るほどに役に立つ。そうすることで、道具がいかに人を新たな世界に誘うか、そして、そのために人としての真摯さ、責任を伴わなければならないかを知る。

奏者と指揮者

さらに物事を関連づけて理解することを学ばなければならない。私はマーケティング・プランナーがそのままビジネスマンになるべきとは思わない。そうならないほうが本人のためだ。

何より専門知識にコントロールされてはいけない。自ら専門知識をコントロールできるようになってほしい。現在何より必要とされながら、ないがしろにされているのがその姿勢である。しばしば私は専門家から常識を疑われることがある。彼らが苦労して手にした専門知識を私は粗雑に扱い過ぎるとされる。だが、私はあえてこう言いたい。「確かにあなたは世界最高のマーケティング・プランナーかもしれない。だからどうした」と。

彼らは専門知識自体を目的と見がちである。だが、どこまでいっても道具だ。目的あっての手段である。道具の召使いになるほど愚かなことはない。道具を人の召使いとしなければならない。そのために人は成長しなければならない。

そのようなことはあまり世間では言われない。というよりまったく知られていない。専門職は今後も減少する兆しはない。すべての知識に通じるゼネラリストなど存在しない。だが、知識の持つ意味を広い世界の文脈で理解する者はなくてはならない。誰もができることではない。しかし今日学びうる知識は増える一方である。道具に支配されるのではなく、道具を支配すべきということだ。

残念な例もある。おおむねビジネススクールがなすことは私はどうも好きになれない。人は数字をいじくり回す方法を覚えた。しかも複雑で広大なこの世界を単純な方程式に従わせるなど無謀である。それほど私の気質に合わないものはない。見てみればほとんどが初級の数学であって、ただの道具以上のものではない。

私は一通り学んだ学生をチームに入れて、実務体験をさせることがある。ある銀行になかなか優秀なマネジメント・サイエンスの使い手を送り込んだ。彼はあらゆる見解は仮説であって、答えなどないの一点張りだった。私は言った。「自分がいかに不合理なことを言っているかわかっていない。ないのは問いの方だ」。

仕事は実際はかばかしいものではなかった。それは彼自身の問題だった。彼はオペレーション分析以外に何ら関心を持たなかった。ドライバーを手にしているのに、どのナットを固定すべきなのかもわかっていなかった。次第に自らの専門知識を仕事の一部とすべきことを彼は学んでいった。自らが崇め奉る手法のほぼすべては誰かがどこかででっち上げたものと知った。現在はすぐれた分析が行えるようになっている。

彼がその後銀行に行ったかは知らない。何より本人が銀行を望んでいなかったのではないか。少なくとも私の目には銀行向きでないように見えた。彼の意識は組織内部に向けられていた。銀行員は組織の外に意識が行くのがふつうだ。持って生まれた気質を変えることはできない。それでも、すぐれた分析ができるようになった。

他の専門職も事情は変わらない。プロは担当する楽器演奏で一流なのは当然である。オーケストラでは、テューバ奏者の仕事はテューバを演奏することである。さしあたり他の楽器の演奏は考えない。テューバ奏者は一つの作品をテューバのパートで判断する。その意味ではモーツァルトの作品にテューバが登場するものは少ない。テューバ奏者にとっては自分の出る幕がなく、モーツァルトはつまらないということになる。他方で、作曲家が演奏家として一流とは限らない。一歩引いて卓越した音楽を追求しつつも、自ら卓越した演奏をなしうるわけではない。では指揮者はどうか。テューバ奏者に他の楽器の音を聴くように言う。それに難渋する。

――確かにその通りだ。

ドラッカー　音は自分でつくるものだ。そのために、聴けなくなる。何も耳に入らなくなる。だが、すぐれた指揮者はホルン奏者のところに行って、この最終部はどう聞こえたかと問う。聴くよう促す。そうしてはじめてホルン奏者は居場所を持つ。ヴァイオリンが走り過ぎるときには、それについて行って、よく耳を澄ませる。そうでなければ全体が早過ぎるか遅過ぎるかのいずれかになる。テンポをきちんとはかる。ヴァイオリンが遅過ぎるなら、耳を傾ける。そうしないと適切な指示が出せなくなる。

マーシャルとスローン

――なるほど。少し話は変わる。あなたほどの方ならコンサルティング企業を自ら設立して大成功できたはずだと誰もが思う。

ドラッカー　疑問だ。できなかったと思う。強みがない。

――なぜやってみなかったか。

ドラッカー　やろうとも思わなかった。私は自らマネジメントする者ではない。実践には向いていない。人のマネジメントにことのほか強みがない。自ら話したり書いたりすることを実行できない。人に任せられない。みな自分でやってしまう。そうしないと気が済まない性格だ。秘書はみな口をそろえて、飛行機の予約一つさせてくれない、信用していないと文句を言う。信頼していないのではない。自分でするのが嫌いでないだけだ。そのことさえわかってもらえない。私はマネジメントの実践者ではない。

企業を自ら立ち上げることもなかった。売り込む強みがなければならない。私にはなかった。今まで数え切れないほど同じ質問を受けた。いつも答は同じだった。「したくなかったのではない。できなかった」。私が誰よりよく知っている。私がマネジメントの地位にいるときは、それは惨めなものだ。同僚からは冷たい視線を浴びる。指示がいつも違うと文句を言われる。

――マネジメントの世界で影響を受けた人はいるか。

ドラッカー　失敗から少なからず学んできた。だが、ご質問の趣旨が私にマネジメントの何たるかを教えてくれたのは誰かという意味ならば、二人いる。ともに異なるタイプだった。それでも多くを教えてくれた。存命の方は除外することにする。

まずジョージ・マーシャル（一八八〇～一九五九年。第二次世界大戦の陸軍参謀総長、マーシャル・プランの立案者）だ。アメリカの強みの一つに、公私の区別なき忠誠心がある。マーシャルは卓越した垂範者だった。同時に比類なき指揮官だった。方針はシンプルだった。人に要求する人だった。要求するのに、徹底的に考え抜いた。その人に何ができるか、それが最重要の問いだった。それについてきわめて有能だった。

人を育てる天才だった。第二次世界大戦に突入したとき、マーシャルを筆頭に司令官はみな六〇を越えていた。一人とて実戦経験がなかった。それでも、ほぼすべてに成功した。第二次世界大戦は知識こそが力たることを証明した戦争だった。司令官はみなマーシャルによってその地位に引き上げられた。三〇年代に陸軍幼年学校での指揮官補佐時代に知遇を得ていた人々だった。彼らがなしうることをマーシャルは考え抜いた。人間的な欠点も、指揮官としての強みを発揮する妨げとはなりえなかった。しかもマーシャルは功績をことごとく本人に帰した。

他方完璧主義の一面もあった。だからといって、即時に人を切り捨てはしなかった。マーシャルは任命した者の過誤を自らの過誤とした。そんなところから私は学んだ。要求水準はありえないほどに高いものだった。そんなところから温順でありながら、軍に一人の友人もなかった。自伝にも書かれている。孤独の人だった。だが、孤独さえ仕事の一部だった。マーシャルの発言を私はよく思い出す。「友を持つ者は敵も持つ。どちらか一方というのはない」。だが私自身は友敵いずれでもなかったと思う。マッカーサーとの間にさえ友情はなかった。そのマッカーサーを支えたのがマーシャルだった。だが、パットン将軍には耐えられなかった。マーシャルは誇り高き謙遜家だった。無神経な者には虫酸が走った。それも苦労した理由の一つである。

もう一人はまったく異なる。GMのアルフレッド・スローンである。マーシャルは自らの観念に縛られはしなかった。だが、スローンは結局自らの観念から逃れられることができなかった。あまりに権力を掌中に収め過ぎた。マーシャルが権力の座にあったのはたかだか五年に過ぎない。おそらく五年というのが最高位にある者の理想的な在位期間だ。スローンが自らの成功に溺れたのは否定できない。築き上げた帝国の防衛にあけくれた。三〇年もの間権力の座に居続けたためと思う。

それでも、ものごとをじっくり考え抜くことの大切さを知っていた。真の理解には意見の対立が不可欠なのを知っていた。意思決定には十分な時間と情報のフィードバックがなければならないのを知っていた。強みを見るべき一方で、弱みを見てはいけないのを知っていた。

マーシャルは有徳だった。スローンは有能だった。スローンに徳があったとは思わない。もちろん私個人の意見だ。いずれがいいということではない。だが、私がスローンから学んだのは間違いない。人間的にはどちらかというと偏屈だった。マーシャルとは異なるタイプだった。二人は見ているものが違った。

マーシャルは広大無辺の世界を意識し続けた。だが、ことマネジメントについて言えば、スローンからのほうが学びは多い。マネジメントなるものの存在を知るにいたったのはスローンのおかげだ。

――職業としてのマネジメントの発明者はスローンか。

ドラッカー　特許を申請していたら、あるいは受理されていたかもしれない。だがスローンは法律を編纂するのには向いていたかもしれないが、発明者ではなかった。

それにマネジメントには先覚者が存在した。アンリ・ファヨールがいた。彼はマネジメントを一つの仕事として最初の人だった。スローンはリーダーシップというものを企業の地位と権力に伴うものというより、一つの機能と見た。他方、スローンは心に潜む地位や権力への意志にはあきれるほど鈍感だった。人間としては慎み深い好人物といってよかったが、地位のもたらす名声に執着があった。むしろその被害者だった。マネジメントについて私に影響を与えたのはこの二人である。実際に親しい間柄でもあったし、多くを学んだ。

索　引

【ア行】

IBM　212
アインシュタイン，A.　31
アーウィック，L. F.　231
アシュビー，W. R.　216
新しい現実　25, 184
新しい社会と新しい経営　69, 131
アリストテレス　220
意思決定　192
イトーヨーカ堂　177
イノベーション　65, 73, 96, 155
　——と企業家精神　66, 71, 82, 87
岩崎夏海　i
岩崎弥太郎　31
印刷技術　150
ウォルトン，S.　178
ウォルマート　178
NPO　59, 178, 224
オースティン，J.　42, 59, 219
オムロン　178

【カ行】

科学的管理法　129
カーソン，R.　131
カフカ，F.　31
株式会社　70
企業永続の理論　114
企業家戦略　81, 87
企業とは何か　10, 67, 114
技術　141, 154
キッコーマン　194
ギムナジウム　19
キヤノン電子　205
キャプラン，R. S.　109
キルケゴール，S.　21, 128
グーテンベルク，J.　157
経営者の条件　75, 131
経営の適格者　204
「経済人」の終わり　23, 25, 69, 83, 130, 176
ケインズ，J. M.　40
ゲシュタルト　8
ケストラー，A.　20
ゲッベルス，P. J.　24, 128, 211
ゲーテ，J.　37, 244
ケルゼン，H.　18, 22, 38
源氏物語　203
現代大企業論　131
現代の経営　2, 66, 92, 107, 111, 118, 131, 185, 190, 213
コア・コンピタンス　110
顧客　117, 181, 187, 193, 214
　——価値　103
　——の創造　181, 187, 214
コトラー，P.　94, 101, 134, 136
小林宏治　178
コンサルタント　175, 228

【サ行】

サイモン，H.　216
サッチャー，M.　38
サマー，C.　192
産業社会　6
産業人の未来　43, 69, 131
シアーズ，R.　91
シアーズ社　91
シェイクスピア，W.　219, 223
GM　10, 70, 93, 114, 212, 250
事業部制　25

自己組織化臨界現象　167
渋沢栄一　31
社会生態学　39, 161, 182, 211
社会的責任　124
ジャクソン, M. C.　217
シュタール, F. J.　26
シュンペーター, J. A.　17, 66, 73, 90, 95, 212, 218
常識　183
人口　168, 199
真摯さ　189, 197
鈴木敏文　177
すでに起こった未来　134
スミス, A.　5
スミディ, H.　234
スローン, A.　250
正統性　68
セシル, L. H.　28
セブン-イレブン　177
創造する経営者　75, 131
組織社会　7
ソニー　177

【タ行】

体系的廃棄　206
立石一真　178
断絶　83, 84, 166, 184, 211
　──の時代　75, 82, 84, 131, 143, 166
知覚　148
地球村　148
知識　7, 80, 84, 140, 142, 153, 211
　──社会　141, 143, 211, 223
　──創造企業　216
　──労働　57
チャーチル, W.　219
ツヴァイク, S.　18, 21
テイラー, W.　67, 129
ディーン, J.　192
デカルト, R.　4, 41, 157, 158
ドラッカー, A.　38
ドリス・ドラッカー　48, 56, 180, 210, 213, 219

【ナ行】

夏目漱石　44
ニクソン, R.　38
日本画　177
日本香堂　203
日本的経営　131
ニューマン, W.　192
ネイダー, R.　93
ノートン, D. P.　109
ノンカスタマー　117

【ハ行】

ハイエク, F. A.　17, 29, 218
バーク, E.　26, 27
パーソンズ, T.　132
バーナード, C. I.　67
バランスト・スコアカード　106
非営利組織　59, 178, 224
　──の経営　134
東日本大震災　170
ピータース, T.　37
ヒトラー, A.　6, 24, 49, 55, 128, 180, 211
ヒポクラテス　237
　──の誓い　237
ファヨール, H.　31, 67, 214, 251
フィードバック　144
フォレット, M. P.　31, 67
富士ゼロックス　182
プラトン　221
フロイト, G.　18, 212
フロネシス　220
文明　154
べき乗則　167
ヘッセ, H.　20
ヘッセルバイン, F.　136
ベニス, W.　136
傍観者の時代　181, 212
保守主義　28
ポスト資本主義社会　34, 223
ポストモダン　9, 36, 157
ポーター, M.　75

ポラニー，K.　212
ポラニー，M.　216
ボランティア　135
ボールディング，K.　38

【マ行】

マークス&スペンサー　52
マクルーハン，M.　142，147，158，212
マーケティング　72，89，155，194
マサリク，T.　18，38
マーシャル，G.　249
松下幸之助　177
マディソン，J.　27
マネジメント　76，92，134，187
　——・サイエンス　4
　——・スコアカード　106，111
マルクス，K.　27，157
マン，T.　20
ミーゼス，L.　17
ミッション　133，186
三戸公　136
未来予測　162
明治維新　25，170
メディア　147
目標　205
　——管理　25
モダン　36
モーツァルト，W. A.　247
モデル　165
ものづくり　201
モーム，S.　46
森下二次也　100
盛田昭夫　177
モンデール，W.　176

【ヤ行】

保田芳昭　100
予期せぬ成功　80

【ラ行】

ラーテナウ，W.　29，30，32
乱気流時代の経営　107
利益　122，186
リーダーシップ　134，220
リベラル・アーツ　188，210，219
ルソー，J. J.　157
レヴィット，T.　1，94，99，185
ローゼンワルド，J.　91
ロック，J.　27
ローマー，P.　218
ローマクラブ　131

【ワ行】

ワット，J.　4

執筆者紹介（五十音順）

ドラッカー学会／監修

二〇〇五年、ドラッカーの思想とその実践に関し、学界、ジャーナリズム、産業界の連携に基づき、その深化と発展を図ることを目的とする。ドラッカー公認の唯一の学術団体。研究年報『文明とマネジメント』を発刊し、多数の研究グループから組織される。

井坂　康志（いさか・やすし）／編集、第1章、第8章、関連論考翻訳

早稲田大学政治経済学部卒業。東京大学人文社会系研究科博士課程単位取得退学。ものつくり大学特別客員教授、ドラッカー学会理事。

伊藤　雅俊（いとう・まさとし）／第10章

市立横浜商業専門学校（現・横浜市立大学）卒業。セブン＆アイ・ホールディングス名誉会長。

上田　惇生（うえだ・あつお）／序章、第2章

慶應義塾大学経済学部卒業。ものつくり大学名誉教授、立命館大学客員教授、ドラッカー学会学術顧問。

小仲　正久（こなか・まさひさ）／第13章

慶應義塾大学法学部卒業。日本香堂ホールディングス代表取締役会長兼社長。

小林陽太郎（こばやし・ようたろう）／第11章

慶應義塾大学経済学部卒業、ペンシルベニア大学ウォートン・スクール修了。経済同友会終身幹事（元代表幹事）。富士ゼロックス元取締役会長。

阪井　和男（さかい・かずお）／第9章

東京理科大学大学院理学研究科博士課程物理学専攻満期退学。理学博士。明治大学法学部教授、ドラッカー学会理事。

酒巻　久（さかまき・ひさし）／第14章
芝浦工業大学卒業。キヤノン電子代表取締役社長。

坂本　和一（さかもと・かずいち）／第４章
京都大学大学院経済学研究科博士後期課程単位取得退学。経済学博士。立命館大学名誉教授、立命館アジア太平洋大学初代学長、ドラッカー学会学術顧問。

島田　恒（しまだ・ひさし）／第7章
神戸大学経済学部卒業。桃山学院大学経営学研究科後期課程修了（経営学博士）。神戸学院大学講師、関西学院大学寄付講座客員講師、島田事務所代表。

野中郁次郎（のなか・いくじろう）／終章
早稲田大学政治経済学部卒業。カリフォルニア大学バークレー校経営大学院博士課程修了（Ph.D.）一橋大学名誉教授、ドラッカー学会学術顧問。

藤島　秀記（ふじしま・ひでき）／第６章
慶應義塾大学経済学部卒業。元淑徳大学客員教授、クリエイティブ・パートナーズ代表、ドラッカー学会理事。

三浦　一郎（みうら・いちろう）／編集、第3章、第5章
京都大学大学院経済学研究科博士後期課程満期退学。立命館大学経営学部教授、ドラッカー学会代表。

茂木友三郎（もぎ・ゆうざぶろう）／第12章
慶應義塾大学法学部卒業、コロンビア大学経営大学院修了。キッコーマン取締役名誉会長。

ドラッカー
——人・思想・実践——

二〇一四年一〇月一日　第一版第一刷発行
検印省略

監修　ドラッカー学会
編著者　三浦一郎
井坂康志
発行者　前野弘
東京都新宿区早稲田鶴巻町五三三
発行所　株式会社　文眞堂
〒一六二―〇〇四一
電話　〇三―三二〇二―八四八〇
FAX　〇三―三二〇三―二六三八
振替　〇〇一二〇―二―九六四三七番
印刷　モリモト印刷
製本　イマヰ製本所

http://www.bunshin-do.co.jp/

ISBN978-4-8309-4837-4　C3034